日英同盟

復活！

インド太平洋時代の幕開け

秋元千明

CCCメディアハウス

復活！日英同盟

インド太平洋時代の幕開け

その生涯を通して
私に愛情と勇気を与えてくれた
亡母、菊美に捧ぐ

復活！日英同盟

目次

第6章 動き出す新・日英同盟

第7章 英空母来航と日本

序 章

空母の保有、敵基地攻撃、ミサイル防衛など、日本国内の防衛論議も最近はずいぶん現実的になった。もちろん欧米諸国のそれには遠く及ばないが、自衛隊を認めるか否かという点だけが議論の中心だったかつての時代を思い浮かべると、隔世の感がある。

しかし、一つだけ不思議なくらい議論されないテーマがある。それは「同盟」についての議論である。

日本は米国と安全保障条約を結び、米国が提供する軍事力の傘のもと、第二次世界大戦後大きく発展してきた。今や米国にとって、日本は最も重要な戦略的パートナーである。米国を同盟の相手としたのは第二次世界大戦後、当時台頭しつつあった共産主義の防波堤となるためであった。それは敗戦を受け入れ、国家としての自立が認められない戦争直後の日本にとって、選択の余地のない決断であった。

しかし、そうして結ばれた日米同盟は米国流の民主主義を取り入れるチャンスを日本に提供し、日本の経済発展を促すものであったし、結果としてこの決断は誠に正しかったと言える。

ただ、二一世紀の現代にいたって、永遠不滅の同盟など存在しないことも日本国民は念頭に置かなくてはならない。米国が永遠の同盟国であるなどという保証は、どこにもないのである。

一九世紀、英国の首相を二度にわたって務めたヘンリー・ジョン・テンプルは一八四八年、議会下院で次のように演説した。

「英国には永遠の味方もいなければ永遠の敵もいない。あるのは永遠の利益だけだ」

国家も人間と同様、盛者必衰の原理から逃れることはできない。どのような大国も必ず衰えるときが来るし、盛衰を繰り返す国家の集団が国際社会である。

だからこそ、国家の指導者には常に敵と味方を冷静に見極め、国家の進路を柔軟に変えながら国益を追求する冷徹さが求められる。そして、今、日本は長年寄り添ってきた唯一の同盟の相手である米国の国際的影響力が少しずつ衰えてきている現実に直面している。

そこで日本が今するべきことは、戦略的パートナーとして米国を支えることであり、そのためにはこれまでのような米国一辺倒の同盟の構造を変革し、多層的な同盟の体制を構築することである。幸い、日本の安倍晋三前政権はそのことに早くから気が付き、オーストラリアやインドなど日本や米国と関係の深いアジア諸国と新しい同盟関係を構築して、同盟のネットワークを張り巡らそうとしてきた。

日米同盟を強化するため、別の同盟を作ろうとする試みである。そして、そのための枠組みとして「インド太平洋戦略」を構築しようとしてきた。

インド太平洋という戦略概念を世界で初めて外交政策に取り入れ、世界に提唱したのはほかでもない日本である。

この日本の提案に対する世界の評価は極めて高く、アジア諸国はもちろん、米国、英国、さらに欧州諸国などが相次いでこの戦略概念に賛同し、「インド太平洋戦略」は今や世界の安全保障のトレンドになろうとしている。それは当然のことである。なぜなら、米国を中心とする西側諸国はこぞって米国の指導力の低下を憂慮しているし、インド太平洋は近い将来、世界の政治、経済の中心になることが予想されるからである。

そして、それは結果として、中国に対する警戒心を呼び起こす。中国が提唱していた地政戦略「一帯一路構想」はまさに中国の莫大な資金をユーラシア大陸周辺に投資することで中国の経済圏を築くことを目指すものだが、それは同時に中国の影響力拡大を狙ったものでもあり、世界覇権の構想ではないかと多くの国が疑っている。

北大西洋条約機構（ＮＡＴＯ）は二〇一九年一二月、首脳会議で初めて中国に対する警戒心を表明し、二〇二〇年一二月に発表した戦略文書「ＮＡＴＯ二〇三〇」ではＮＡＴＯが今後一〇年以内に直面する課題として、ロシアと並んで中国の脅威を明確に指摘した。

また、二〇二〇年春頃から中国の武漢が感染源と見られる新型コロナウイルスの感染拡大が世界を席巻したことも、中国への警戒心を加速させた。中国はその道義的責任すら認めようとせず、逆に責任を追及しようとする国に対して次々と制裁を加える乱暴な外交を行い、これに各国は一斉に反発した。

それればかりではない。香港の民主化運動を弾圧したり、首脳が台湾を訪問した欧州の国を脅迫したり、英国を敵視する発言を外交官が公然と行うなど、とても責任ある大国とは思えない行動や言動を中国は繰り返してきた。

こうした一連の中国の動きを牽制するかのように二〇二〇年一〇月、日本、米国、オーストラリア、インドによる四カ国外相会議、通称クアッドが開かれた。クアッドの注目すべき点は、参加国がさらに増える可能性があることである。すでに、欧州の英国やフランス、ドイツなどはインド太平洋に関与する外交方針を明確にしているし、それに続こうとする欧州諸国も少なくない。

ただ、この枠組みがすぐにインド太平洋を舞台にした新たな同盟に発展するかといえば、そう単純ではない。

同盟の形成には、中核となる大国同士の結びつきがまず必要だからである。例えば、NATOの中核には大西洋をはさんだ米英同盟がまずあり、それにカナダと欧州諸国が参加してNATOは発展してきた。ネットワーク型の同盟には必ず中核となる大国同士の同盟がなくてはならず、それに寄り添う国家群があって多国間の同盟が作られる。だから、ただ日本が米国やアジアの友好国と連携を深めているだけでは同盟のネットワークは作れない。

しかし、日本には幸いそれを実現できる心強く、ふさわしいパートナーが一カ国だけある。

英国である。英国は日本と同様、海を通した交易によって繁栄を続けてきた海洋国家であり、地政学的にユーラシア大陸の両端に位置していることから安全保障環境が日本と酷似している。そのため、英国は一六〇〇年、ウィリアム・アダムズ、後の三浦按針《みうらあんじん》が英国人として初めて徳川家康と会見し、日本とのファースト・コンタクトを取って以来、ずっと日本との交流に関心を持ち続けてきた。

そして、幕末から明治維新にかけて英国は長州や薩摩の倒幕派を支援し、維新後には日本を海軍強国にしようと、二〇年間にわたって日本の海軍の育成に尽力した。そして、それは一九〇二年、近代化した日本が英国と同盟を結ぶことによって結実した。

日英同盟は当時、英国との共通の脅威だったユーラシアの内陸国家、ロシアに対処するためのものであり、日本は英国の支援を受けて日露戦争でロシアを敗り、それをきっかけに大国として国際社会にデビューすることができたのである。

日英同盟は二一年間続いた後、日英の接近を嫌った米国の圧力で解消を余儀なくされた。しかし、日本と英国は第二次世界大戦の不幸な時代を除いて現在に至るまで、極めて深い関係を維持してきている。特に、現代では共に米国の重要な戦略的パートナーでもある。

このような歴史的背景だけではなく、日本と英国の国民性が似ている点や英国王室と日本の皇室との深い結びつきなど、日英の親和性を指摘すればきりがないほど、日英は政治の面でも、文化の面でも特別な関係なのである。

さらに、言うまでもなく英国は核保有国であり、国際連合安全保障理事会（以下、国連安保理）の常任理事国であり、世界最強の情報機関を持ち、世界的影響力のあるメディアも抱え、国際石油資本を持ち、東京、ニューヨークと並んで、ロンドンは世界の三大金融センターの一翼を担っている。新たな同盟の相手として英国ほどふさわしい国は、ほかにはない。

しかも、その英国は二〇二〇年、欧州連合（ＥＵ）を離脱した。それは英国が一九六八年以来、五〇年あまり続けてきた欧州に偏った英国から再び世界国家への返り咲きを目指すものである。英国はこの大戦略を「グローバル・ブリテン」と名付け、その新しい外交政策の中心にインド太平洋への関与を据えている。そして、その中核が日本との安全保障協力の強化である。

英国はこの新戦略を行動で示すため、二〇二一年、就役したばかりの新型の空母

「HMSクイーン・エリザベス」を初めての実戦任務として、アジアに展開させる予定だ。そして、南シナ海周辺で、日本と米国、オーストラリアなどと合同の軍事演習を計画している。英国がインド太平洋に関わることを明確なメッセージとして世界に発信することが、その作戦の目的である。

まさに、英国の空母展開は日英の安全保障協力がこれまでのパートナーの段階からいよいよ同盟の段階に入ったことを世界に示す絶好の機会となるだろう。したがって、日本もこれを全力で支援しなくてはならず、間違っても消極的に受け止められることがあってはならない。

その意味で、日本政府が最近、「インド太平洋戦略」という表現を避け「インド太平洋構想」と言い換えて使うようになったり、「自由で開かれたインド太平洋」という表現が、「平和で繁栄したインド太平洋」という優しい言葉に言い換えられて使われていることに危惧を覚える。言葉など、いくら優しい言葉を使ったとしても真実の姿を隠すことはできない。事実、中国の「一帯一路構想」を欧米諸国の多くは、覇権を狙った「一帯一路戦略」として受け止めている。繊細な言葉を使った外交的配慮など、国際社会ではどれほどの意味があるのだろうか。

日英が新たな同盟の段階に進むことの最大の特徴は、それが単なる日英だけの同盟で帰結しないことである。

前にも述べたように、日英が強く結ばれれば、日英共通の戦略的パートナーである米国とも自動的に結ばれることになるから、結果として緊密な三国同盟の関係ができあがることになる。そして、それはインド太平洋に関心を示すフランスやドイツ、その他の欧州諸国、さらにはＥＵやＮＡＴＯなどともなんらかの結びつきを生む可能性が高い。

一方、アジアではすでに形作られている日本とオーストラリアやインドとの新しい同盟関係もこの日英米の同盟関係に取り込まれる可能性があり、それに牽引される形で英国が軍事協定を結んでいる英連邦の加盟国、シンガポールやマレーシア、ニュージーランドも新しい同盟関係に関心を示すかもしれない。さらには、その他のアジア諸国も無関心ではいられなくなるだろう。

こうしたことから、日英の新しい同盟は将来、インド太平洋の新たな同盟の幕開けにつながっていく可能性を帯びているように思える。

第二次世界大戦で英国を率いた宰相、ウィンストン・チャーチルは第二次世界大戦を回想した有名な著作“*The Second World War*”（Gathering Storm, Winston S. Churchill, p.13, Houghton Mifflin Company, 1948, Mariner Books）の中で、日英同盟

を解消したことが第二次世界大戦の誘因となったとして、次のように指摘している。

「アメリカはイギリスに対して、日本が厳正に従ってきた日本との同盟を継続することが英米関係の障害になると明確に指摘した。結果、同盟は終焉を迎えた。日本は同盟の破棄に深い衝撃を受け、西欧世界はアジアを排除したとみなすに至った。そして、その後の平和にとって決定的な価値があったはずの多くのつながりが断ち切られた。また、日本はドイツとロシアの没落で一時的には世界の海軍大国の中で第三位、確実に最高位にまで上り詰めるだろうと思い込むようになった。

ところが、ワシントン条約では日本の主力艦艇の保有量が英米より低い比率に抑え込まれてしまった。これは日本の船の建造能力と財政能力に見合ったものでもあったが、日本は二つの海軍大国が互いの資源を切り捨てていくのを、注意深く見守っていた。こうしてヨーロッパでもアジアでも、連合国は平和の名の下に戦争への道を切り開いていったのである」

チャーチルはこのように述べて、日英同盟が第二次世界大戦前まで、確実にアジアの安定に貢献していたことを証言している。日本と英国の安全保障協力が地政学的にいかに重要であるかは、歴史が証明しているのである。

そして、日英同盟の解消からおよそ一〇〇年を経て、再び英国はスエズの東に回帰する。空母「クイーン・エリザベス」のアジア展開は英国にとって新しい時代の到来を象徴するものだが、日本にとってはアジア新時代の幕開けを告げるものになるだろう。

本書では、なぜ日英同盟なのか、その現状と今後の課題、また日英同盟再生の背景について考えてみたい。もちろん、新たな日英同盟の推進にあたっては日本と英国の国内事情も関係しているが、本書では主に背景となる国際情勢を中心に新しい日英同盟について分析を試みた。

したがって、日英それぞれのお家の事情に関心のある読者にとっては満足できる内容とは言えないかもしれない。その点は、ご容赦願いたい。

第1章

同盟の段階へ

日英安全保障協力宣言

歴史に残る日は案外、多くの人が気づかないまま過ぎ去ってしまうものだ。それが、あとになって歴史家たちが「あの日、あの時、あの場所で」などと回想し、意味付けすることが多い。その意味で、二〇一七年八月三一日は日英関係の歴史において画期的な日であった。

前日の八月三〇日午後、大阪・伊丹空港にヨーロッパから一機の政府専用機が飛来した。機体にはおなじみのユニオンジャックが描かれていた。乗っていたのは英国のテリーザ・メイ首相（当時）だった。赤い服に白のジャケットをはおり、日本の国旗である日の丸のカラーを洋服にあしらうという女性のリーダーならではの粋な計らいだった。

英国は当時、ＥＵからの離脱をめぐる混迷の只中にあり、メイ首相は多忙を極めていた。そうした中にあって、アジア諸国歴訪の一環でもなく、国際会議参加のためでもなく、ただ、日本の安倍晋三首相（当時）と会談するためにわざわざ日本まで出向いてきたのである。ドイツなど他の欧州諸国の首脳たちが、中国訪問のついでに日本に立ち寄って帰るのとは対照的であった。英国がいかに日本との関係を重視している

日英首脳会談 会談を前に握手する安倍晋三首相（当時）と英国のメイ首相（当時）（提供：時事通信フォト）

かがうかがえた。

メイ首相は出迎えた安倍首相と共に京都で表千家の茶会に参加するなどのもてなしを受けた後、東京に移動し、早速、首脳会談に臨んだ。

その中で、両首脳は「日英は互いに自由、人権、民主主義、法の支配といった共通の価値観を有する戦略的パートナーであり、日英の友好関係を新たな高い段階に引き上げる」と述べ、次の四つの合意文書を発表した。

すなわち、

・日英共同ビジョン声明
・安全保障協力に関する日英共同宣言
・繁栄協力に関する日英共同宣言
・北朝鮮に関する共同声明

である。

これらの四つの合意文書で共通しているのは、日英が安全保障面での協力を強化し、特にインド太平洋地域での課題に共同で取り組むことを明らかにした点である。

まず、両首脳は日英共同ビジョン声明の中で、日英が共同で取り組む課題について、

・国際安全保障の確保
・経済パートナーシップの強化
・イノベーションと成長の促進

の三つの分野に分け、特に安全保障については「我々は力や強制により緊張を高め、または、現状を変更しようとするいかなる一方的行動にも強く反対する。（略）我々は、両国の安全保障協力を次の段階に引き上げること、及び、両国が世界的に、特にインド太平洋地域において、共有する課題に取り組むことにコミットしている」と述べ、北朝鮮や中国、ロシアを念頭に協力して対処していくことを明らかにした。

一見して平凡に思える内容だが、二つの点に注目しなくてはならない。

まず、「両国の安全保障協力を次の段階に引き上げること」で合意した点である。

日本と英国とはかねてから戦略的パートナーとしての関係を深めてきたが、それをさらに「次の段階へ」と言うことは、もはや日英は単純な友好国の関係ではなく、運命を分かち合う同盟国の関係に進むということを意味するものであった。

特にそれは、日本にとって重要な意味を持つ。

第二次世界大戦後、日本にとって同盟国と呼べる国は米国しかなく、米国にだけ依存して国の安全保障を確保してきた日本が、その安全保障の傘を初めて米国以外の国にも広げることを意味するからだ。それは、日本が持つ同盟関係の構造を大きく変革しようとする姿勢とも受け取れる声明だった。

もう一つは、インド太平洋地域で共に活動することを強調した点だ。最近では「インド太平洋地域」という地域を指す用語が西側諸国の首脳の発言の中でよく使われるが、実はこの「インド太平洋」という地域概念を国の外交政策として国際社会の場で初めて公にしたのは日本である。

それは二〇〇七年八月にさかのぼる。安倍首相（第一次内閣）がインドを訪問したときのことだ。その際、安倍首相は、インドの国会で「二つの海の交わり（Confluence of the Two Seas）」というテーマで演説をした。それはインド洋と太平洋という二つの海は結びついており、この共通の海を通じてインドと日本は友好の輪を拡げていこうと呼びかける内容であった。

インド周辺の南アジアは中東に近く、アジアと中東、アジアと欧州を結ぶ回廊の通過点として見られることが一般的である。したがって、インドはアジアとか中東とかいう地域の国家としてではなく、他の諸国とは違う特殊な国家として見られることが多い。

ところが、安倍首相の演説はそうではなかった。

安倍首相は次のように聴衆に語りかけた。

「インド洋と太平洋という二つの海が交わり、新しい『拡大アジア』が形を成しつつある今、このほぼ両端に位置する民主主義の両国は、国民各層あらゆるレベルで友情を深めていかねばならないと、私は信じています」

それは、インドと日本は海でつながるアジアの一部であり、同じアジアの一員として、日本とインドは手を携えようとアピールする内容だった。

日頃、アジア人としてのアイデンティティーを持ちながら、それを十分に認めてもらえないインド人の心を揺さぶる演説だった。東アジアの大国、日本の指導者がわざわざインドまでやってきて、「私たちは仲間ではないか。一緒に頑張ろう」と訴えたのだから当然だろう。

演説が終わった後、聴いていた議員たちは全員が総立ちになり、感動と拍手の渦が議場を包んだ。中には拍手だけではなく、足で床をたたいて鳴らす者や、机の上部を開けたり閉めたり、バタバタと音を立てる者までいて、議場は演説が終了したあとも長時間、歓喜に包まれ、騒然となったという。

そして、この時、友好関係のための概念として初登場したのが「インド太平洋」という考え方だった。その新しい考え方はその後、具体的な外交・安全保障政策として彩られていった。

二〇一六年八月、ケニアのナイロビで開かれたアフリカ開発会議で安倍首相は「自由で開かれたインド太平洋」という表現を使い、国際社会に日本の外交方針を説明し、協力と理解を求めた。そして、これにすぐに反応したのが英国だったのである。

英国はＥＵ離脱後の新しい戦略として「グローバル・ブリテン」という新しい戦略を掲げており、それまでのような欧州に留まらないアジアに関与する新しい英国に発展することを目指している。その英国の新戦略に日本の提唱する「インド太平洋」は、見事に居場所を与えたのだった。

だから、メイ首相が安倍首相と共に「インド太平洋」という表現を声明の中で使ったのは、なにも日本の政策に配慮したり、寄り添おうとしたわけではなく、むしろ英国の新戦略を実現できる地域として重視したからであった。

そして、英国のメイ首相がこの言葉を使って二カ月あまりたった二〇一七年一一月、米国のトランプ大統領（当時）が日本を訪問した。トランプ大統領は安倍首相との会談の中で、「米国は自由で開かれたインド太平洋の実現に向けて、日本と共に主導的役割を果たしていく」と表明した。

こうして、新戦略概念とも言える「インド太平洋戦略」は、西側陣営の国々から認知、支持されるようになった。最近では、中国が経済力を通して世界にその影響力、見方によっては覇権を拡大しようとする「一帯一路構想」に対抗する地政戦略となった感があるが、諸外国をリードする戦略概念を日本が発案し、提唱したのは歴史上も極めて希有なことである。

このように、英国のメイ首相が日本との合意文書の中で「インド太平洋」への関与を表明したことは、日本が世界に提案したこの新しい戦略に英国が深い関心を持ち、真っ先に支持したことを意味しているのである。

そして、そのための日英の具体的な行動計画をまとめたのが、「安全保障に関わる日英共同宣言」であった。

いわゆる「日英安全保障共同宣言」の内容は極めて具体的であり、同盟関係に進もうとする国家はまずなにをしなければならないかということを象徴的に示唆している。

その主な内容は、わかりやすく要約すると次のようなものである。

・日本の安倍首相が提唱する「積極的平和主義」と、英国のグローバル・ブリテン構想を整合させ、日英がグローバルな戦略的パートナーシップを構築し、それをさらに次の段階に引き上げる。
・インド太平洋地域での日英間の安全保障協力を強化する。
・法の支配による国際秩序の維持を重視し、力や強制による現状変更に反対する。朝鮮半島の非核化と国連安保理決議の履行に向けて協調して行動する。
・英国が新たに運用を始める空母をアジアに展開させ、英国の陸海空軍をアジアに派遣することによって、英国がアジア太平洋地域の安定に関与し、それを強化することを日本は歓迎する。日本も自衛隊の人員、航空機、艦艇を英国に派遣し、英国軍と共同演習を実施する。
・すでに日英間で行っている自衛隊と英国軍の共同演習をさらに強化し、定期的に実施する。
・英国が東南アジアの英連邦諸国と結んでいる五カ国防衛取極（ＦＰＤＡ）を通した英国のアジア太平洋地域への安全保障上の貢献を日本は歓迎する。
・すでに締結されている自衛隊と英国軍が軍事用の物資を融通し合うことを可能にす

る物品役務相互提供協定（ＡＣＳＡ）を活用し、後方支援や技術面での相互支援を強化する。

・自衛隊と英国軍が連携して活動し、共同で演習を実施することがさらにできるように、政策面や法律面での整備を優先事項として進める。

・防衛装備の開発のため、技術協力を強化し、武器やそれに類似した装備の輸出、それに関連した技術の移転の管理について、日英間で協力する。

・核軍縮や核の不拡散に協力し、核拡散防止条約（ＮＰＴ）の体制を支持する。

・海賊対策を含む海洋安全保障やテロ対策、サイバー分野での活動で協力する。人道・災害救援、ジェンダー（性差別など）、平和維持活動、地雷除去などについて、東南アジアや南アジア、アフリカなど途上国で活動を行う際、日英はさらに連携して取り組む。

・二〇一九年のラグビー・ワールドカップ、二〇二〇年（二〇二一年）の東京オリンピック・パラリンピックに向けて、テロ対策やサイバーセキュリティ面での協力を強化する（筆者注・英国は二〇一二年、ロンドン五輪を経験しており、その際の安全対策の知見を日英で共有する必要があるため）。

・サイバー空間を安全に利用できるようにするため、日英が協力して国際的な枠組みを構築する。それによってサイバー攻撃を抑止し、悪意あるサイバー活動を追跡するために協力する。

・宇宙空間での活動をより透明性のあるものにするために協力する一方、そのための行動規範の作成についても協力をする。

・国際連合（以下、国連）やＧ７、Ｇ20のような多国間の協議の場で日英は協力し、英国は日本が国連安保理の常任理事国となることに強い支持を表明する。

・奴隷制やオンライン上での児童の性的被害、重大で組織的な犯罪に対処するために協力する。

以上が、日英安全保障共同宣言の骨子だが、やはり注目されるのは、日本が進める「積極的平和主義」と英国が進める「グローバル・ブリテン」構想を上手につなぎ合わせ、日英がインド太平洋戦略のプレイヤーとして、外交政策やインテリジェンス、サイバー対策、テロ対策、海洋安全保障など、安全保障の様々な分野で包括的に協力することを約束している点である。

そして、具体的には英国の保有する新型空母や陸海空の各軍がアジアに進出して、日本の自衛隊と連携して活動することを確認し合った点が注目される。

このように、国内の治安対策から多国間外交、さらには地球的規模での安全保障に至るまで、これほど詳細で多岐にわたる包括的な協力関係を特定の国と結ぶのは日本にとって極めて異例であり、日英安全保障共同宣言はまさに将来の日英の新しい同盟の構築へ向けた青写真と言っても過言ではないだろう。

そして、宣言で合意した安全保障協力を具体化させるため、日英首脳会談から四カ月後の一二月、ロンドンで日英の外務・防衛担当閣僚会議、通称2プラス2が開催され、両国間で詳細に協議された。

協議の後に発表された共同声明によれば、日英両国はインド太平洋地域の安定のため、英国が近く配備する予定の最新鋭空母をこの地域に展開させることや、北朝鮮の脅威に協調して対処すること、自衛隊と英国軍との共同演習を定例化し、部隊間の交流を深めていくこと、さらに、将来型の戦闘機の共同研究を進めることなど二三項目について合意した。

一方、河野太郎外相（当時）は会談後、記者団に対して、「英国がスエズの東に戻ってくることを大いに歓迎する」と述べた。それは英国のグローバルパワーへの復帰を強く促し、英国のアジア進出を促す言葉であった。

英国は一九六八年、英国軍のスエズ運河以東からの撤退を表明して以来、グローバルパワー（世界国家）の座から退き、欧州の安全保障に特化して取り組んできた。ところが、その英国は今、ＥＵから離脱し、かつてのようなグローバルパワーへの返り咲きを目指している。そして、そのために欠かせないのが、アジアのパートナー、日本の存在である。河野外相の発言は、その英国が現在置かれている立場を理解し、前へ進もうとする英国の背中を押したのである。

時系列は少しさかのぼるが、日英安全保障共同宣言を発表した際の両国の首脳の発言はさらに注目される。

日英首脳会談を終えた後、メイ首相はＮＨＫの単独インタビューに応えて、英国のグローバル・ブリテンの構想について次のように語った。ＮＨＫのニュースウェブに掲載された日本語訳から抜粋して紹介したい。

（聞き手）

「二国間関係（日英関係）を新たなレベルに引き上げると言われましたが、『グローバルなイギリス（注：グローバル・ブリテン構想）』についてビジョンを説明していただけますか。日本には、ＥＵ離脱は内向き志向の孤立主義の結果だと見る人もいます。イギリス政府がとっている手法や立場の違いを明確にしていただけますか」

（メイ首相）

「イギリスでのＥＵ離脱の投票結果は、内向き思考の結果ではありません。実際は、離脱によって私たちは全世界に対してもっと外向き志向になるでしょう。離脱の投票結果は、イギリス国民が、ヨーロッパの制度的仕組みの一部になるのではなく、自分たちの法律や国境を管理したいという気持ちの表れでした。それらの決定のいくつかは、ヨーロッパが行っていたのです。

しかし、私たちはもっと外向き志向になりたいと考えています。『グローバルなイギリス』は、イギリスが世界において所定の位置につき、世界中の国と新たな貿易合意を結び、世界中で安全保障や防衛においてもっと大きな役割を果たすようになる、という意味です。日本と共にそれを行えること、イギリスと日本の間で例えば部隊の交流、共同の訓練や演習をこれから行えることを嬉しく思います。これは、私たちがその役割を果たして、新たな同盟国と協力する上での重要な象徴だと思います。

イギリスと日本は両方とも海洋国家です。私たちは両方とも外向き志向の国です。私たちは民主主義や法の支配を尊重し、人権を尊重します。その点では、私たちはとても似た見解を持っています。私たちは自然なパートナーであり、自然な同盟国だと思います」

一方、日本側では河野外相が首相官邸の玄関ホールで記者団の質問に答える形で、日英首脳会談の意義について次のように総括した。

（河野外相）

「メイ首相と安倍首相の首脳会談は大変よく、うまくいったと思っております。また合意文書も出すことができました。今までのパートナー国から同盟国へという形で関係を強化していこうということになりました。（略）北朝鮮問題をめぐって、日英でこれから緊密に連携しながら当たっていきたいと思いますし、また、アジアとアフリカをつなぐインド太平洋が自由で開かれた海洋である必要があるという認識も両国で一致をいたしました。このインドと太平洋をつなぐ海洋には、イギリスと歴史的に関係の深い国も多くありますので、そういう意味からも日英はしっかり連携をしていきたいと思います」

日英のリーダーが互いを「同盟国」と公式に呼び合ったのは、一九二三年に日英同盟が解消されて以来、おそらく初めてのことであろう。こうして、二〇一七年は日英がパートナーから同盟の段階へと劇的に進展した年となったのである。

日英急接近？

ただ、多くの人にとっては日英がこのタイミングで急速に接近したかのように思えただろう。しかし、実はかなり以前から日英の新しい同盟の構築へ向けた作業は始まっていた。日英両政府や軍のレベルでは慎重に、しかし着実に準備が進められてきたし、民間の研究機関もそのための会合を開くなどして、両国の専門家同士の意見の交換を行い、それについての研究結果を公表して、情報の発信も行ってきた。新しい同盟に向けた環境の整備は、水面下で着々と進んでいたのである。

その意味から、二〇一七年は日英双方が過去の作業を決算する仕上げの段階に入った年として理解するのが正しい。新時代はしばらく前に、あまり皆が気づかない形で、静かに幕開けしていたのである。

意外に思う人が多いかもしれないが、実は、新たな日英同盟の構築に着手し、道筋をつけたのは、民主党政権時代の野田佳彦内閣だった。

その日は二〇一二年四月一〇日だった。その日、英国からデビッド・キャメロン首相（当時）が来日して、野田佳彦首相（当時）と首脳会談を行った。その会談で、日

日英首脳会談 会談を前に握手する英国のキャメロン首相（当時）と野田佳彦首相（当時）（提供：時事通信フォト）

英は初めて防衛、安全保障協力を推進することで合意したのである。まさに日英新時代の幕を開ける首脳会談であった。しかし、なぜかこの会談は当時、メディアでもそれほど大きく報じられず、一般の関心も薄いニュースだった。

当時はまだ「日本の安全保障は米国だけに依存していれば十分」との考えに、メディアも外交・安全保障の専門家も支配されていたからである。

この会談で、日英両首脳は「世界の繁栄と安全保障を先導する戦略的パートナーシップ」と名付けた共同声明を発表した。

当時の日本は東日本大震災の翌年であり、英国は同じ年にオリンピック・

パラリンピックを予定していた。したがって、共同声明の内容も日本の震災の復興支援から日英のスポーツ交流、科学技術、経済まで多岐にわたっていたが、声明の半分以上は日英の安全保障協力について言及したものだった。

そして、日英は具体的に次の八項目について取り組むことを明確にした。

・国際情勢や地域問題に関して、日英が共通の理解をできるように日英の外相による「戦略対話」を始める。
・政府間で機密情報を共有するため、情報保護協定を締結するための交渉を開始する。
・日英の防衛担当閣僚が早めに防衛協力に関する覚書に署名する。
・防衛協力の覚書に署名することに加えて、防衛面での研究協力も発展させる。
・防衛産業の分野でも協力を深め、防衛装備品の海外への移転に関する基準に基づいて、どのような防衛装備品が日英の共同開発や共同生産にふさわしいかを決める。
・その結果、明らかになった防衛装備品については、できる限り早く実現に取り組み、日英の安全保障に資する計画を立案する。
・共同で開発し、生産した防衛装備品を第三国へ移転する場合や、本来の目的以外に使用する場合、これらを厳格に管理するルールを日英間で取り決める。

・日英間の共同演習や部隊同士の交流などを通じて、安全保障、防衛面での協力を強化する。

以上が、日英間で合意し、共同声明として発表された内容だが、すぐにそれとわかるのが、二〇一七年の日英安全保障協力宣言は、このときに日英が合意した八項目がベースになっているという点である。

例えば、防衛装備品の共同開発や共同生産については、会談から一年三カ月後の二〇一三年七月、日英間で協定が結ばれ、このとき、同時に防衛協力に欠かせない機密情報の保護に関する協定も結ばれた。また、日英の部隊同士が必要な物資を提供し合うことを可能にするＡＣＳＡも二〇一七年一月に締結された。これによって、世界に展開する英国軍の部隊と日本の自衛隊が燃料や食料などの物資を提供し合えるようになったのである。

また、二〇一二年の共同声明に盛り込まれた外相同士の戦略対話はその後、日英の２プラス２に衣替えして現在でも毎年行われている。

つまり、当時の自民党安倍政権は、前の民主党野田政権が残した日英安全保障協力への道筋を踏襲し、それをより堅固なハイウェイとして作り替えることによって、日英関係を単なるパートナーから同盟へと押し上げようとしてきたのである。

外交の分野ではとりわけ評判の悪い民主党政権だったが、過去のどの政権も手を付けたことのない新たな戦略「日英同盟の再構築」に着手したことは、民主党政権が残した大きな功績として高く評価されるべきだろう。

英国国家安全保障戦略

この日英新時代とも言ってよい新たな同盟の構築へ向けた潮流は、英国の戦略の一部として採用され、情報の発信も行われ始めた。

二〇一五年一一月、英国政府は新たな国家安全保障戦略および国家安全保障・防衛戦力大綱（NSS／SDSR）を発表した。

その中で、英国は冒頭の第二章「英国、強さ、影響力、世界」の第一二項の中で、米国との特別な関係が英国の安全保障の基本であることを確認する一方、他の国々との防衛、安全保障の関係も拡大していくことを強調した。そして、欧州以外の相手国として、唯一、日本を指定した。しかも、その肩書きとして、「allies（同盟国）」という表現を使い、日本が通常の友好国を越えた重要な国であることを示唆した。

また、第五章の世界の同盟国やパートナーについて記述した部分では、日本を「アジアでの安全保障分野での最も親しいパートナー」と呼び、日本が国連安保理の常任理事国になることや、国連の平和維持活動に貢献することを強く支持すると表明している。

このように、二〇一五年に英国が策定した国家安全保障戦略は、全部で七章、九六ページある文書の中で、九つの事項について、日本との関係を重視することを力説しており、「日本」という国名を一二回に渡って繰り返し記述している。このことは、英国が安全保障上のパートナーとしていかに日本を重視しているかをそのまま示していると言えよう。

英国国家安全保障戦略（NSS/SDSR）2015

そして二〇一八年三月、この国家安全保障戦略が示した政策がどの程度実現しているかを追跡評価するフォローアップの報告書「国家安全保障の能力評価（NSCR）」が公表された。英国政府はこの文書の中で、二〇一七年の日英安全保障共同宣言を高く評価し、特別に「日英パートナーシップ」と題した項目を設けて、次のように述べた。

「日本は世界的な戦略的パートナーの一つである。二〇一七年の首相の訪日によって、私たちは安全保障協力に関する共同宣言に同意し、安全保障と防衛のパートナーシップを新しいレベルに引き上げることを約束した。宣言は、私たちがそれぞれアジアと欧州で互いに最も近い安全保障上のパートナーであることを確認し、共に諸問題を調整することの重要性を明確に示した。

安全保障と防衛は、日本との関係の基礎である。共同演習、防衛装備と技術の協力、第三国での協力、テロ対策と暴力的過激主義、サイバーセキュリティなどの分野で協力を強化することによって、法の支配を基本とする国際システムへの挑戦に対処する。現代の奴隷制を含む深刻で組織的な犯罪とも戦う。日本と英国は、自由貿易の最も強力な主導者であり、英国は、EUと日本の経済連携協定（EPA）の最も強力な支持国の一つだ。首相が訪日中に合意した日英間の新しい経済パートナーシップの確立にも迅速に取り組む」

英国政府は報告書の中でこのように述べて、日本との関係強化に取り組む決意を示したのである。

これは日英に限らず一般的に言えることだが、「外交」というのは政府だけに与えられた特権ではない。政府の各部局の官僚たちはもちろん、政治家、民間の研究者、企業関係者がそれぞれの専門能力を駆使して外国のパートナーと接触し、日本の意思を相手国に伝え、日本の国益に貢献することが外交である。

したがって、外交には常に相手と向き合う際、官民を問わず共通した姿勢で臨むためのガイドラインが必要である。

日英に関して言えば、そのガイドラインとも言えるのが、前に述べた日英の共同ビジョンであり、日英安全保障共同宣言であろう。また、日英がもともと歴史的にも親和性のある国家同士ということもあり、両国は二〇一七年以降、軍、政治、民間のレベルでの協力が急速に進んでいる。新たな同盟の構築へ向けた作業が本格化してきている。

進む軍事交流

まず目を見張るのが、自衛隊と英国軍の交流がかつてと比較にならないほど、活発化している点である。

このうち、英国海軍と海上自衛隊は、両国の海軍同士が明治維新の時代から深い関係にあることも反映してか、先達を務めるように部隊間の交流が盛んである。

注目されるのは、二〇一五年二月に英国海軍から海上自衛隊に連絡将校が派遣されたことである。連絡将校は横須賀の海上自衛隊自衛艦隊司令部に常駐し、米国の第七艦隊司令部との調整役を兼務しながら任務に就いている。英国海軍が連絡将校を派遣するのはかつての日英同盟解消以来、初めてのことである。

このような組織上の連携は軍同士にとっては極めて重要なことで、ソマリア沖で海賊対策の任務にあたっている多国籍の海軍部隊、第一五一連合任務部隊（ＣＴＦ－１５１）の司令官に海上自衛隊の海将補が着任するときは、慣例のように英国海軍から補佐役として参謀長が派遣されるようになっている。

二〇一六年には、こうした両国の軍同士の協力関係はさらに加速した。

一〇月、英国空軍の戦闘機、ユーロファイターの部隊が日本の三沢基地に飛来し、航空自衛隊と共同訓練を行った。米国以外の空軍戦闘機の部隊が、日本本土に展開して、自衛隊と共同訓練を実施したのはこれが初めてであった。また、同じ時期、陸上自衛隊富士学校のレンジャーが英国のウェールズの基地で、英国陸軍や米国海兵隊の部隊と共に偵察活動の共同訓練を実施した。

陸上自衛隊、英国陸軍との初の共同演習（提供：産経新聞社）

二〇一七年五月には、陸上自衛隊、英国陸軍、米国海兵隊、それにフランス海軍が参加した日米英仏の共同演習が、グアム・テニアン周辺で初めて実施された。多国籍の演習ではあったが、主導しているのは日英であった。

二〇一八年四月以降になると、英国海軍のフリゲート「サザーランド」と「アーガイル」、さらに強襲揚陸艦の「アルビオン」の三隻の艦艇が順次、日本周辺の海域に派遣された。北朝鮮に対する国連安保理の制裁の実施を監視するためである。これらの艦艇は、日本の関東地方の沖合やインド洋でも海上自衛隊の艦艇と共同訓練を実施した。

また、同年九月には英国陸軍から兵

士五〇人が日本に派遣され、およそ二週間にわたって、陸上自衛隊六〇人と富士山麓の三カ所の演習場で共同訓練を行った。日本国内で陸上自衛隊が米国以外の軍隊と共同訓練を行うのは、初めてであった。

この合同陸上演習の続きの演習は、一年後、二〇一九年九月、舞台を英国のスコットランドに移して行われた。日本の陸上自衛隊の部隊が英国で演習を行うのも、これが初めてだった。

また、海上での合同演習も頻繁に行われるようになった。二〇一八年一二月、日英に加えて米国も参加した日英米三カ国合同の対潜水艦演習がフィリピン海で行われたのに続いて、その二回目の合同演習が二〇一九年三月にも実施された。

一方、こうした部隊間の交流を進めるための法整備も順調に進められている。前にも述べたように二〇一七年一月、日英の部隊同士で互いの補給物資を融通し合うACSAが結ばれ、二〇二一年一月の段階では、日英の部隊が相手国を訪問する際の法的地位を定めた訪問軍地位協定（VFA）の締結について日英間で作業が進められている。

英国の新型空母、クイーン・エリザベス（手前）とプリンス・オブ・ウェールズ（提供：英国防省）

新型空母

こうした日英の軍事レベルでの交流に関連して最も注目されるのは、英国が新型の大型空母を二〇二一年以降、アジアに定期的に展開させる計画を進めていることだ。

この空母は、「クイーン・エリザベス」と「プリンス・オブ・ウェールズ」の二隻で、基準排水量四万五千トン、満載排水量六万七千六九九トン、全長が二八四メートル、一六〇〇人の乗員と最大四八機のＦ35Ｂ戦闘機や艦載ヘリコプターを載せて、一万海里（一万八五二〇キロ）を航行できる通常推進の空母である。大きさは米国の最新型の原子力空母「フォード」級には及ばないが、英国が保有する史上最大の軍艦であり、すでに二隻とも完成し、就役を待つ状態にある。

この空母をアジアに派遣することは、英国のジョンソン外相（当時）が二〇一七年七月、オーストラリアを訪問した際、初めて明らかにしたもので、そのあと、日英安全保障共同宣言に空母のアジア派遣が正式に盛り込まれた。

英国はアジア地域ではシンガポール、マレーシア、オーストラリア、ニュージーランドなど英連邦の加盟国と安全保障上の協力関係があるほか、ブルネイや香港にも重要な権益を保有している。そのため、英国は今後、南シナ海周辺に空母攻撃部隊を定期的に派遣することによって、海洋国家として航行の自由を重視する英国の姿勢をインド太平洋で示し、この地域で影響力を増す中国を牽制しようとしているのだ。

確かに、英国がこの時代に新型空母を二隻も建造し、就役させるなどというのはかつての古くさい砲艦外交の復活のようでもあり、「なぜ、今？」との疑問を生じさせないわけでもない。単にアジア地域での英国のプレゼンス（影響力）を示し、中国を牽制するだけなら通常の軍艦でも役割は果たせる。

しかし、それでもあえて地球規模で活動する強力な戦力としての空母を保有し、アジアを含む世界各地へ展開させるのは、英国がＥＵ離脱後の大戦略「グローバル・ブリテン」を言葉ではなく行動で世界に示す必要があるためである。

すなわち、空母を世界に展開させることによって欧州に縛られない英国、英国のスエズ以東への回帰という象徴的なメッセージを発信し、英国のプレゼンスを世界に示そうというものなのである。

裏方としての知的交流

こうして見てくると、日英間では軍事的交流だけが先行しているようにも思えるが、実際はその逆である。安全保障に限らない広い分野での交流がまずあり、それを追いかけるように安全保障上の関係が深まっている。

その先鞭をつけたのは一九八四年、当時の中曽根康弘首相とマーガレット・サッチャー首相の首脳会談だった。当時はまだ厳しい東西冷戦のさなかにあり、日本も英国も共産主義陣営と厳しく対峙していた。そんなとき、日英両首脳は将来を見すえ、「日英二一世紀委員会」の設置で合意した。

これは日英が政治、経済、外交、文化、科学技術など幅広い分野で交流を深めることを目的にした委員会で、日英の各分野の専門家が毎年集い、幅広いテーマについて議論を深め、共通の価値を見出そうというものである。すでに二〇二〇年には三七回目の会合が開催され、日英それぞれの政治、経済の状況、貿易投資と世界経済、エネルギー問題、ロシアと中国問題、デジタル革命などをテーマに話し合われた。

また、英国の民間の研究機関（シンクタンク）が果たしている役割も見逃せない。ロンドンに本部を置く世界最古の外交・安全保障シンクタンク、英国王立防衛安全保障研究所（ＲＵＳＩ）は二〇一二年一月、東京にアジア本部を設置した。これは二一世紀に入って、米国の影響力が相対的に低下し、中国が台頭、ロシアもかつてのような拡張主義に戻ろうとする傾向がある中で、英国の将来の重要なパートナーとして日本の存在を重視したからにほかならなかった。

ＲＵＳＩは、国際社会の秩序が揺らいでいることは一時的な現象ではなく、地政学的な地殻変動が地球規模で起きようとしていることに早くから気づいていた。当時はまだ、英国のＥＵ離脱も米国のトランプ政権の誕生も、中国の一帯一路戦略も語られていない時期であったが、敏感に変化の兆候を感じ取り、対応するというのは、さすが地球儀を俯瞰する英国のシンクタンクらしい。

こうして、トレンドを先取りするように活動を開始したＲＵＳＩアジア本部は二〇一三年一〇月、初めての日英安全保障会議を東京で開催した。会議には英国からエリザベス女王の次男にあたるヨーク公爵アンドルー王子、日本からは安倍首相（当時）が主賓として参加した。

会議の冒頭で安倍首相が基調講演を行い、次のように述べた。

「私は日英関係を本来のおのずから結ばれているという意味で『ア・プリオリ』のパートナーシップだと、呼んでいいだろうと思います。（略）パートナーとはなんのためか、次はそこが問われます。（略）インド洋から太平洋にかけての一円は、英国の盟邦国が散在する一帯ですが、この地域で果たすべき役割とは何か、再び考えておいでです。

他方、我が国は、マラッカ海峡からインド洋、中東地域にかけて、航海の自由を守り、その安全を守る努力を、相当期間続けて参りました。そのうえで、さらに何ができるか、英国と同様に、真摯に考えているところです。

東と西は、こうして再び海で出会い、海洋秩序の保全というミッションの共通性によって結ばれました。そこに、おのずと答はあるというのが私の考えです。（略）英国と知見を交換し合い、経験を分かち合って、世界の平和、安定に責任を分有する仲間として、共に歩んでいきたいという、私どもの意欲です。（略）この道のほかに、行く道なし。それをマーガレット・サッチャーは、TINA（注・There is No Alternative.）の頭文字で言い表しました。私の、よく引く言い回しです。

まずは経済を強くする。それなしには何事も始まりません。そのため女性の力、『ウィメノミクス』が必要不可欠だと、再三言っております。経済を強くするのは、後の世代に、安心で、安全な日本を残すためであるのはもちろんのこと、世界に対し、『積極的平和主義』の旗にふさわしい、務めを果たせる国であろうとするからです。

TINAとは、このように国内経済の建て直しから、外交、安全保障分野で責任ある貢献をしていく課題であります。すべてに通ずる一筋の道です。その一本の道を行くとき、日本は英国と、いくつもの場面で出会い、力を合わせ、知恵を持ち寄ることになる。それは、必然的にそうなります。なぜなら日英は、『ア・プリオリ』のパートナーだからです」

安倍首相はこのように講演の中で、一八世紀のドイツの哲学者、イマヌエル・カントが主張した「ア・プリオリ」の概念を引用して日英関係を形容した。「ア・プリオリ」というのはラテン語の「a priori」に由来する言葉で、論理的に証明する必要のない自明の理を意味している。つまり、安倍首相は、日英の安全保障上の関係強化は議論する必要のない至極あたり前で自然なことであると主張したのだった。

ＲＵＳＩによる日英安全保障会議は以来、東京とロンドンで定期的に開催されている。こうしたシンクタンクの活動は両国の専門家に自由な意見交換の場を提供することによって、問題点を浮かび上がらせ、その解決法を探り、新たに情報を発信する機能を有しており、日英の外交を強力に側面から支援するものだ。

また、ロンドンに本部を置く新進気鋭のシンクタンク、ヘンリー・ジャクソン・ソサエティー（Henry Jackson Society）は英国のＥＵからの離脱が決まると、英国の新たな大戦略、グローバル・ブリテンに焦点をあてたプロジェクトを立ち上げた。そのプロジェクトの中心は、日本との安全保障協力に関する専門的な研究である。

ヘンリー・ジャクソン・ソサエティーはＲＵＳＩが英国の外務省や国防省、情報機関などと近い関係にあるのと対照的に、英国議会に広いネットワークを持ち、英国の外交政策の決定に一定の影響力を持っている。

さらに、日本では知名度の高い国際戦略研究所（ＩＩＳＳ）も二〇一九年、日本政府から多額の支援を受けてジャパン・チェアー（日本部）を創設し、日本の防衛政策や日英の安全保障協力について研究を開始した。

これら一連のシンクタンクの活動は、日英の専門家の間で、新しい日英同盟の構築へ向けた共通の理解を深めることに大きく貢献するだろう。

経済プロジェクト

一方、日英が新しい同盟の構築へ向けて動きを加速すると、安全保障と関連した民間の経済プロジェクトも日英間での協力が進んでいる。

その一つが、北極海を経由したロンドンと東京間の海底ケーブルの設置である。北極海では地球の温暖化でしだいに氷が溶けており、かつてのように年間を通して結氷する海ではなくなりつつある。

それは地球環境の破壊という意味では問題だが、同時に恩恵をもたらしつつある。というのも、北極海では年間を通した船舶の通航が可能になりつつあり、北極海航路という新たな海運ルートが誕生する可能性がにわかに高まってきているからだ。

そのため、北極の周辺国や中国などは、北極海への進出に意欲を示しており、北極海ではある種の覇権争いがすでに始まっている。

その北極海で今、注目されているプロジェクトの一つが、史上初めて、北極海の海底に通信用のケーブルを敷設しようというものだ。このケーブルはロンドンと東京を結ぶインターネットの基幹回線で、カナダの企業などが参加して、三本のケーブルの敷設が検討されている。完成すれば東京とロンドン間の通信速度が劇的に向上することなる。

日本と欧州は、現在、陸路と海路を通ってケーブルで接続されているが、中東やアジアなど回線が混雑する地域を経由しているため、通信速度が遅れ気味であり、海底ケーブルが船の碇などで切断される事故も多い。

これに対して、東京とロンドンを結ぶ北極海の海底ケーブルはもともと距離が短いので、その分通信の品質もよく、船舶の往来もまれであるため、ケーブルが切断されるような事故も起きにくい。さらに、テロや海賊の襲撃を心配する必要もほとんどない。

北極海の権益をめぐる各国の覇権争いを尻目に、日英は今、北極海を通じた結びつきを深めようとしているのである。

治安対策とオリンピック

また、一時は二〇二〇年夏に東京で開かれる予定だった東京オリンピック・パラリンピックも日英の結びつきを深める大きな機会になった。

オリンピック・パラリンピックの開催にあたって最も心配されるのは安全対策であ

る。この世界が注目する行事は国際テロリストが注目する行事でもあり、実際に過去、テロの標的になったこともある。

ロンドンでは二〇一二年にオリンピック・パラリンピックが開催されたが、航空機を使ったテロに備えるため、ロンドン市内に移動式の対空ミサイルが配置されたりした。幸いテロは起きなかったが、それでも電力施設に対するサイバー攻撃が行われようとした痕跡が、サイバー空間で見つかった。

東京オリンピック・パラリンピックは新型コロナウイルスの感染拡大の影響で開催が二〇二一年七月に延期されたが、二〇二一年春の感染の状況を見る限り、大会が予定通り開催できるかどうかは予断を許さない。しかし、日本の警察当局は開催に備えて引き続き準備を進めており、テロ対策の分野で豊富な経験があるロンドン警視庁(スコットランド・ヤード)の協力も得て、安全対策に万全を期す構えである。

具体的には警察と民間の警備会社、軍当局との連携の仕方や、サイバー攻撃への対策、さらに二〇一二年のロンドン大会の際には想定できなかった新しい技術、ドローン(無人機)によるテロ攻撃への対策も緊急のテーマになっている。

ドローンを使ったテロでは、二〇一八年八月、南米・ベネズエラで爆発物を搭載したドローンによる大統領暗殺未遂事件が起きているほか、二〇一九年九月、サウジアラビアの石油施設に対して二〇機以上のドローンを使った大規模な攻撃が行われ、サウジアラビアの石油生産が大きな被害を受けた。

空からのテロ攻撃は、かつては航空機をハイジャックして行うものであり、テロリストにとって難易度の高いものだったが、ドローンの登場により、より簡単にしかも安いコストでテロ攻撃が行えるようになった。

このように、日英の間では単に軍事的交流だけではなく、政治、経済、さらにはスポーツ分野でも密接な交流が行われており、こうした各分野での交流が総結集されて、同盟の下地作りが着々と進んでいるのである。

第2章

グローバル・ブリテン

英国と欧州の微妙な関係

同盟関係にある国家が外交施策を転換すると、他の同盟国の外交に影響を与え、それが水面に落とした波紋のように新たなうねりとなって世界中に拡散し、歴史を突き動かすという現象は、歴史の大きな転換点ではしばしば見受けられる。二一世紀に入ると、米国はそれまで続けてきた世界の警察官としての役割を果たすことに躊躇するようになり、それに伴って国際的影響力が徐々に下がってきている。

そうした米国の影響力の低下によって生じる力の空白に入りこむように、ロシアは東西冷戦時代のような拡張主義的行動をとるようになり、ウクライナや中東方面に進出を始めた。また、中国は南シナ海を手始めに、インド洋、太平洋、さらには地中海にまで海軍を展開させるようになり、「一帯一路」という新しい戦略のもと、世界に覇権を拡大しようとしているように見える。

そして、さらに注目されるのは、中国がロシアとの連帯を深めるようになり、中ロによる「ユーラシア権力」が新たな国際社会の勢力として台頭してきている点である。

このことにより、二一世紀は東西冷戦時代の覇者、米国と新興勢力、「ユーラシア権力」が対峙する時代に入りつつある。そのため、日本も含めた先進諸国はその間で、従来のように米国にのみ依存した体制を維持し続けるのか、もしくは、ユーラシア権力と微妙な関係を築きながら、新しい時代の新しい生き方を模索するのか、という岐路に立たされているように思われる。

これはまさに一九九〇年代初期に起きた東欧の革命に続く世界規模の地政学的な地殻変動であり、我々が直面している多くの国際問題はこの視点から分析しなくてはならない。

英国のＥＵからの離脱がそうである。

新しい日英同盟は、実はこの英国のＥＵからの離脱を契機に生まれ出ようとしているのである。もちろん、日本には日本の事情があるし、英国には英国の事情があり、その異なる二つの事情が共鳴するように調和しているからこそ、日英同盟の構築は現実のものになろうとしている。

それでは、英国が新しい同盟関係を求める背景に、ＥＵ離脱がどう関係しているのか。離脱後の英国の大戦略とはなんなのか、考えてみたい。

英国のＥＵ離脱の思惑や背景については多くの専門家が多くの論考で語っており、すでに語り尽くされた感さえある。また、ここで私がそれについて詳しく述べ、分析するスペースもないし、日英の安全保障について論じたいと思う私の狙いからもはずれることなので、詳しく解説することは避けたい。

しかし、私は三〇年近く、日本と英国の間を行き来して、英国と欧州の関係について学習する多くの機会を得てきたので、簡単に私見を述べたいと思う。

英国と欧州の関係を考えるとき、英国が二〇世紀から現代にかけて、欧州の安定と平和にどのように関わってきたかを知らなくてはならない。

英国は大陸から離れた場所に位置し、欧州とはやや異なるアイデンティティーを持った国であると同時に、欧州で最強の軍事力を維持してきた国である。

また、米国とは同じ英語を話すアングロサクソンの国家として「汎大西洋関係」と言われる特別な絆で結ばれ、欧州と北米を結ぶゲートウェイとして機能してきた。欧州諸国に対しては米国をコントロールできる唯一の国として、また米国に対しては欧州の代弁者として振る舞ってきた。

つまり、英国は第一次世界大戦以降、第二次世界大戦、東西冷戦、冷戦後の混乱期にあって、欧州の安定に責任を負ってきた国家である。

この事実の一片は、二〇世紀の英国の著名な歴史家、アラン・J・P・テイラーが一九六一年に著した *"The Origins of the Second World War"* (Hamish Hamilton,

1961）の中でふれられている。

この著書は刊行当時、大きな反響を呼んだ。それは、第二次世界大戦の原因が一般の人が認識するようなナチスの侵略主義によって起きたのではなく、英国を中心とする諸国の稚拙な外交によって起きたのであって、ナチス総統のヒトラーはそれまでのドイツの指導者と同じようにドイツの国力に見合う国益を追求しただけだったと論じたためである。

それは、ドイツの侵略主義を擁護する見解のようにも受け止められ、多くの歴史家から「修正主義」との批判を浴びる結果になった。そのため、テイラーは、この本の再版にあたる『第二次世界大戦の起源』（吉田輝夫訳、講談社学術文庫）の冒頭、「再版への序言――批判にこたえて」の中で次のように反論している。

「私としては、何か記録すべきものを見つけたら、たといイギリス政府に有利な事実であっても記録するであろう。（略）記録によれば、ヒトラーではなく、イギリス政府がチェコスロバキア分割に先鞭をつけたのであって、私が間違っているのではない。またイギリス政府は一九三九年に、ドイツに抵抗するよりもポーランドに譲歩を迫ろうとしている印象をヒトラーに与えたのであって、やはり私が誤っているのではない。（略）ヒトラーは確かに将軍たちに戦争の準備を命じた。

だが、イギリスもそうしたし、この点ではどの国の政府も同様であった。戦争の準備は参謀本部の仕事である。彼らがそれぞれの政府から受ける命令は、起こるかもしれない戦争にたいする準備を命じたもので、これだけでは当該政府が戦争を決意した証拠とはならない。一九三五年以降のイギリスの命令はすべてドイツにのみ向けられていたし、ヒトラーのそれはドイツを強力にすることにのみ関係していた。したがって、軍事計画から政治的意図を（誤って）判断するとすれば、イギリス政府が戦争を決意していたと見えるのであって、その逆ではない。だがもちろんイギリス人は、イギリス政府の行動に対しては他国のそれには及ぼさない寛大な解釈を適用する。人々はヒトラーを邪悪な人物と見なし、他に対しては用いないような証拠によってこれを証明しようとする。何ゆえにこのような二重の基準を用いるのか？　まずヒトラーを邪悪な人物と仮定するからである。（略）ドイツの最高支配者としてのヒトラーは、はかり知れない犯罪行為の、ドイツ民主主義破壊の、強制収容所の、なかんずく第二次大戦中の住民絶滅政策の最大の責任を負っている。彼は文明史上比を見ない邪悪な命令を出し、これをドイツ人は遂行したが、彼の外交政策は別の問題である。彼はドイツをヨーロッパの――おそらくずっと先の事だが世界の――支配的強国にしようとした。他の強国も同様な目的を追求したし、いまも追求している。他の強国も小国を衛星国として扱っているし、死活の利益を武力で擁護しようとしている。国際問題では、ヒトラーがドイツ人だったことを別にすれば、彼に悪いところは何もなかったのである」

以上のように、確かにテイラーの主張は一見するとナチスを擁護しているような印象を受けるが、彼の著書をよく読むと、テイラーは歴史の分析には道徳的評価と客観的事実の記述をないまぜにすべきではないと主張しているだけであって、決してナチスドイツの拡張主義を正当化しようとはしていない。歴史家が重視すべきことは、ナチスによる残虐な振る舞いではなく、それを防ぐことができたかもしれないのに戦争を躊躇して宥和政策を進めた英国の外交政策の誤りではないのかと、テイラーは強調しているのだ。

つまり、英国には欧州の安全を維持する責任があるのにその責任をきちんと果たそうとしなかったことが第二次世界大戦の原因の一つである、とテイラーは言いたいのである。

この点については、第二次世界大戦を指揮した英国の宰相、ウィンストン・チャーチルも英国の宥和政策がナチスに軍事的増長の機会を与え、結果として戦争を悲惨なものにした、と後年しばしば述懐しており、戦争を恐れないことが戦争を抑止するというチャーチルの信念は、テイラーの主張にも影響を与えているように思える。

しかし、英国は最後まで責任を果たさなかったわけではない。チャーチルは第二次世界大戦に参戦する一方、「汎大西洋関係」を活用して、米国を説得し、米国の介入を得ることに成功した。これをきっかけに米英を中心とする連合国は、破竹の勢いで欧州を席巻したナチスを戦争の終盤で一気に押し返し、戦争を勝利に導いたのである。

その意味では、英国は欧州の安定と平和のための責任を、遅ればせながら最後には果たすことができたと言えよう。もし、英国がそれに失敗していたら、フランス人は今頃、ドイツ語を話していたかもしれない。

世界は第二次世界大戦が終わると、すぐに東西冷戦の時代に入っていった。旧ソビエトや東欧諸国を中心とした共産主義陣営と、米国や西欧諸国を中心とした資本主義陣営が、一九八九年まで四五年間にわたって、鋭く対立した。米国と旧ソビエト本土、欧州の東西には核兵器が配備され、いつ戦争が起きても不思議ではない緊張状態が長く続いた。その冷戦時代にあって、欧州の安定に最も貢献したのは、やはり米国と英国であった。

欧州での冷戦の最前線は、当時の西ドイツであった。ドイツは東側国家の東ドイツと西側の西ドイツの二つに分断され、「鉄のカーテン」と言われた国境線の両側に東西両陣営の機甲師団が配置され、軍隊は常に臨戦態勢に置かれていた。

ここに重戦車を中心にした重武装の軍隊を配備していたのは、米国と英国だった。具体的には西ドイツ北部には英国軍、南部には米軍が配置され、いつでも戦争に突入する体制をとり続けていたのである。

こうして、英国は冷戦時代、常に七万人以上の兵力を西欧に張り付け、欧州の防人として東側と対峙してきた。その英国の軍事的貢献は、冷戦終結まで続いたのである。

幸い、冷戦が終結するまで本格的な武力衝突は起きなかったが、一方で、もう一つの見えない戦争が繰り広げられた。旧ソ連の国家保安委員会（ＫＧＢ）を中心とする東側情報機関と、米国の中央情報局（ＣＩＡ）、英国の秘密情報局（ＳＩＳ・通称ＭＩ６）を中心とする情報機関同士の諜報戦である。

多くの情報機関員が、作戦中に殉職した。それは、今でも、ＣＩＡとＳＩＳの本部に行けば、入口に名もなき殉職者たちの慰霊碑があることでうかがい知ることができる。

つまり、英国は東西冷戦時代、欧州の安定のため、軍事と諜報の両面で最前線に立って戦い続けたのである。

そして、英国は冷戦終結の立役者となった。

「鉄の女」と言われた、英国のマーガレット・サッチャー元首相（提供：時事通信フォト）

英国のマーガレット・サッチャー首相は一九八五年、旧ソビエトの共産党中央委員会書記長に就任したミハイル・ゴルバチョフについて、それまでのソビエトの指導者とは異なる印象を持っていた。ゴルバチョフの始めたソビエトの硬直化した社会主義体制の変革への決意と西側陣営に対する柔軟な姿勢を評価して、米国のロナルド・レーガン大統領（当時）と直接会って、真摯に対話するようゴルバチョフ書記長に働きかけたのだ。また、レーガン大統領にもゴルバチョフ書記長と会って話をするように勧めた。

その結果、長く途絶えていた米ソ首脳会談が実現し、冷戦は一挙に終結へと歯車が動き出したのであった。米国との「汎大西洋関係」を利用した英国のサッチャー首相の巧みな外交がなければ、東西冷戦の終結は確実に数年は遅れていただろう。

かくして東西冷戦は西側の勝利という形で一九八九年に終わりを告げ、一時、世界は安定に向かうようにも思えたが、そうではなかった。超大国の重しがなくなったため、たがはずれたように世界各地で地域紛争が勃発し、さらにテロも頻発するようになり、中東や欧州、アジアは不安定さを増した。英国にとって最もやっかいだったのは、ユーゴスラビア紛争だった。

ユーゴスラビアは英国だけではなく、欧州全体にとって鬼門である。日本では第一次世界大戦と第二次世界大戦を区別して考える傾向にあるが、欧州ではこの二つの大戦を一体化して評価する歴史家が多い。

第一次世界大戦は一九一四年から一八年まで、第二次世界大戦は一九三九年から四五年まで続いたが、第二次世界大戦は第一次世界大戦の戦後処理に起因した戦争であり、両大戦を包含して二一年間の休戦期間を含む三一年間の大戦争と理解することは、欧州の歴史を理解する上で意味がある。

そして、この大戦争の口火を切ったのがユーゴスラビアだった。

一九一四年六月、サラエボを訪問していたオーストリア・ハンガリーの帝位継承者のフェルディナント大公をユーゴスラビアの民族主義者の青年が暗殺したいわゆるサラエボ事件が戦争の発端となった。ユーゴスラビアの民族主義が、欧州を大戦争に引き込んだのである。だから、欧州の人々は今でもユーゴスラビアでの民族紛争に神経質である。

ユーゴスラビアはもともと多民族国家だったが、東西冷戦中はカリスマ的指導者のヨシップ・ブロズ・チトーが国を治めたこともあって、共産主義国家としての統一を維持していた。ところが、東西冷戦が終わり、ユーゴスラビア連邦が崩壊の過程に入ると、それまで連邦を構成していたセルビアやクロアチアでは民族主義者が政権の座に就くようになり、一九九一年から各地で紛争が頻発した。

ユーゴスラビアでの民族主義の台頭と内戦の勃発は、欧州にとって第一次世界大戦の悪夢を思い起こさせるものであり、欧州は初めの段階こそ国連の平和維持部隊を展開させて中立的な立場から紛争の監視にあたったが、紛争は激しくなるばかりであり、一九九九年、ついにＮＡＴＯ軍として軍事介入に踏み切った。ユーゴスラビアに対する空爆と、ユーゴスラビア領内でアルバニア人が多く居住するコソボ自治州への進駐であった。

このユーゴスラビアでの軍事行動で中心的な役割を果たしたのも米国と英国であり、特にコソボ自治州に初めに進駐したＮＡＴＯ軍の地上部隊ＫＦＯＲ（コソボ治安維持部隊）を率いたのは英国軍だった。

英国は、二一世紀に入ると欧州とは地中海を隔てて対岸に位置するリビアの独裁政権の打倒にも一役買った。リビアは二〇一一年まで、独裁者、ムアンマル・アル・カダフィ大佐が治めていた。カダフィ大佐はテロを支援したとして、それまで米国から軍事攻撃を受けたり、米国の旅客機を英国領内で爆破して墜落させた疑いで国際社会から追及されるなど、まさに国際テロのリーダーとして認知されていた。

英国が警戒したのは、カダフィ大佐が治めるリビアが大量破壊兵器の化学兵器を密かに開発、隠し持っていることであった。そのため、ロンドンに留学していたカダフィ大佐の家族に目を付け、化学兵器を廃棄させ、代わりにカダフィ体制には直接干渉しないとの姿勢で水面下での交渉を米国と連携しながら行った。

結果として、カダフィ大佐は二〇〇三年、化学兵器の廃棄を宣言し、国際機関の査察を受け入れて、兵器用の化学物質やそれを装填する爆弾などの廃棄に応じた。

ところが、二〇一一年、反体制勢力の「リビア国民議会」が反政府運動を活発化させ、暴動が国内全域に拡大を始めると、カダフィ大佐は武力を使って反政府運動を弾圧し始めた。これに反発したのは、反政府勢力だけではなかった。リビアの駐米大使や国連代表部の外交官までもがこぞってカダフィ大佐から離反し、さらにデモの鎮圧にあたっていた軍の部隊の一部も政府に反旗を翻して、反体制側について戦闘を始めるなどリビアは内戦に突入した。

これに対して、米国、英国、フランスは国連安保理の決議に基づいて軍事介入を決断し、他のＮＡＴＯ加盟国と共にリビア政府軍に対する空爆を開始した。結局、カダフィ大佐は七カ月近く逃亡生活を続けたあげく、ＮＡＴＯの空爆を避けて下水管に身を潜めているところを反体制派に見つかって引き摺りだされ、裁判も受けることなく死亡したという。

カダフィ大佐は、英国、米国と取り引きして、大量破壊兵器の廃棄を約束したというのに、体制の保証を得られるどころか滅ぼされてしまったのである。典型的な独裁者がたどる哀れな末路であった。

EU離脱とサッチャーの影

以上ここまで、英国が近現代、欧州の安定に貢献した足跡を簡単にたどってみたが、実はこうした歴史が英国民に独特の意識を植え付け、育んできたであろうことは想像に難くない。「英国は常に欧州のリーダーでなくてはならず、仲良し助け合い同盟のメンバーではない」という意識である。まさにそれを体現したのが「鉄の女」と言われた故マーガレット・サッチャー首相だった。

サッチャーが首相に就任した一九七九年、EUはまだECと呼ばれていた。サッチャーはもともと強い自由貿易の論者であり、首相就任時から、欧州での保護主義を排し、自由貿易と規制緩和によって欧州に単一市場を設けることに高い関心を示していた。そして、英国こそがそのリーダーシップを担えると確信していた。

しかし、それ以外の欧州の政治的統合や単一通貨の導入にはまったく関心がなく、むしろ欧州が連邦国家のように一つにまとまることに強い警戒心を抱いていた。サッチャーは「統合化した欧州は中央集権的な新しい権力を生み、それはドイツとフランスが事実上支配することになる。そのような連邦制に似た体制は各国の自由を制限し、自由と民主主義を発展させてきた英国にとって利益にならない」と常に考えていた。サッチャー首相は晩年記した『サッチャー回顧録』（石塚雅彦訳、日本経済新聞社）の中で、次のように述べている。

「（欧州とは）ウラル山脈まで広がり（筆者注：東欧のこと）、大西洋の向こう側の新しい欧州（米国のこと）をもちろん含む歴史的・文化的な意味をなす実体であり、経済的にはグローバルなものでなければならない」（下巻三五四ページ）

サッチャー首相にとって欧州は英国がリーダーシップをとって共に競争し、共に成長する国家群でしかなく、それ以上でもそれ以下でもなかったのである。その考え方の背景には、もし、欧州が連邦制に似た統一国家的な体制を作れば、ドイツが再び欧州の仕切り役として台頭する一方、それまでドイツへの抑えの役割を果たしていた米国の影響力が相対的に低下し、それに伴って、米国とのつなぎ役としての英国のリーダーシップも薄れてしまうことをサッチャー首相は懸念していたのである。

このサッチャー首相の欧州統合への嫌悪を最もわかりやすく表明したのが、一九八八年九月二〇日、ベルギーのブリュージュにある欧州大学院で行った演説である。

サッチャー首相は演説の冒頭で、「この学校は勇気があります。私に欧州統合の話をさせるのは、ジンギスカンに平和共存の話をさせるようなものです」と述べ、聴衆の笑いと関心を誘った。そして、次のように述べた。

「独立した主権国家同士が自発的な意思で行動することこそ、ＥＣを成功させる最善の方法です。欧州は、各国が独自の習慣、伝統、そして個性を持ち、フランスらしいフランス、スペインらしいスペイン、イギリスらしいイギリスがあるからこそ、ヨーロッパは強くなれます。ヨーロッパの個性をモンタージュ写真のようなものにしようというのは愚かなことです」

サッチャー首相はこのように述べ、欧州の政治的統合に強く反対した。そして、規制を最小限にした単一市場を実現すること、東欧諸国の悲惨な体験に配慮し、彼らの権力や決定権が踏みにじられてはならないこと、欧州は各国の個性を大切にする家族のようなものでなくてはならないこと、大西洋共同体（米国と欧州の関係）を維持することなどを、演説の中で強調した。

要するに、サッチャー首相は、欧州はゆるやかな独立国家共同体であるべきであり、欧州連邦になってはならないと主張したのだった。

サッチャーは後の回顧録の中で、この演説について次のように述べている。

「考えれば考えるほど、私の欲求不満は増し、怒りも深まった。英国の民主主義、議会の主権、慣習法、また、我々の伝統的な公正感や、自分たちのことは自分たちのやり方で対処する能力は、非常に異なった伝統に基づいた、遠くにいる欧州の官僚主義の要求に隷属させられてしまうのであろうか。私はこれ以上、欧州の『理想』を聞くことに我慢がならなくなってしまった」（下巻三五四ページ）

サッチャー首相はその後も、ドイツの再統一や単一通貨（ユーロ）の発行、欧州社会憲章、欧州軍の創設などにも反対を表明したが、一九九〇年一一月、一八歳以上の住民に一律に課税する住民税、「人頭税」を導入したことをきっかけに退陣を余儀なくされた。

しかし、欧州統合に反対したサッチャーの精神はその後も保守党内で受け継がれ、後任のジョン・メージャー首相は一九九二年、ＥＵの条約であるマーストリヒト条約には調印したものの、通貨統合や欧州の労働者の権利や社会保障を取り決めた欧州社会憲章、さらに欧州域内の自由な移動を認めるシェンゲン協定には参加せず、かなりの部分でサッチャー路線を引き継いだ。

ただ、英国の政権がその後、トニー・ブレア首相率いる労働党政権に移行したため、英国の外交政策が欧州との協調を重視するようになり、欧州社会憲章や欧州の防衛政策にも関与するようになった。

一方、首相の座から退いたサッチャーは貴族院議員として二〇一三年に亡くなるまで、マーストリヒト条約や通貨統合には一貫して反対を続け、その影響を受けた欧州統合反対派の「ブリュージュ・グループ」が保守党内で結成された。このグループこそが、今日のＥＵ離脱を牽引する原動力となった集団である。

サッチャーは回顧録（下巻四三八－四三九ページ）の中で、ドイツの再統一が早すぎたとして、その帰結として二一世紀の欧州で次の三つのことが起きると予想した。

①欧州統合への急加速
②ドイツとフランスのブロック強化
③米国の欧州からの撤退

このサッチャーの見通しは、まさに慧眼であった。ドイツが順調に再統一したことによって、統一通貨ユーロが導入され、それがドイツの欧州内での指導力を一段と強め、フランスがその後押しをして、欧州統合を急速に進めようとしている。フランスは米国に依存しない欧州の安全保障を主張するようになり、米国第一主義のトランプ政権の誕生もあって、米国の欧州での影響力は急速に下がってきている。そして、その過程で起きた重大な出来事が英国のEU離脱であった。

英国はサッチャーの亡き後、EUの改革を声高に叫ぶようになった。デビッド・キャメロン首相（当時）は二〇一三年一月、「EUの競争力の中心は単一通貨ではなく、単一市場である」と演説し、EUの改革が必要であると主張した。まさに二〇年以上前からサッチャーが主張していたことであった。

そして、英国は二〇一六年六月、EUからの離脱の是非を問う国民投票を行い、離脱が決定、その後、紆余曲折はあったが、二〇二〇年一月三一日をもってEUから正式に離脱した。一九七三年、EUの前身、ECに加盟して以来、四七年ぶりに欧州共同体と袂を分かったのである。

このように、英国のEU離脱には故サッチャー首相の影響が色濃く反映していると言っても過言ではない。言い換えれば、英国のEU離脱は一時の国民感情の盛り上がりや混乱で偶然起きた出来事ではなく、英国民が共通して日頃から感じていた欧州に対する感覚に根ざしている構造的な問題である。

つまり、英国は歴史上、これまでずっと欧州の仕切り役であったのに、なぜ、ベルギーのＥＵ本部にいる官僚たちに自国の外交や安全保障についていちいち相談したり、指示を仰がなくてはならないのか、英国はそのことにずっと違和感を覚えていた。だから、英国はいつかの時点でＥＵ離脱を言い出すことは自然のなりゆきであったように思う。

ただ、それが突然、なんの前触れも準備もなく、国民投票という形で雰囲気に押し流されるように決定してしまったので、予想外の大混乱に陥り、決定から三年半もの間、なにも決められないまま議論だけを続けるはめになった。そして、その混乱に嫌気がさした国民がもう一度、二〇一九年一二月に行われた総選挙で政府を後押しし、二〇二〇年一月、ようやくＥＵ離脱が実現したのである。

グローバル・ブリテン

英国がＥＵから離脱することによって、経済の落ち込みを警告する報告はいくつもあるが、逆に英国の明るい未来を予見する報告は非常に少ない。しかし、それでも英国の国民が離脱を選択したのは短期的な経済の落ち込みより、国家の存立と繁栄という長期的なビジョンを重視したからであろう。

時代が激しく変化する現代、一〇年後に起こることは誰にも予想できない。英国が今、どのような戦略を描いたとしても、それが長期的ビジョンである限り、それを単純に夢想とか幻想とかいう言葉で片付けることはできない。

社会科学の欠点は、これまでに経験した過去の実例や数理的なモデルによってしか未来を予測できないことにある。そのため、歴史的重大事の予測にしばしば失敗する。歴史上経験がなかったか、経験があったとしてもごくまれにしか起きたことのない事例は、想定からはずして思考するからである。

例えば、東西冷戦の一九八〇年代後半、東欧諸国やソビエト連邦が突然ドミノのように崩壊し、わずか二年間のうちに東側陣営が消え去るなどと事前に予測した外交の専門家はいただろうか。

二〇二〇年三月、中国から世界中に拡散した新型コロナウイルスの感染拡大で、日本を含む世界各国が外国との人の往来を規制し、事実上の鎖国状態になった。

特に、統合化を進めていた欧州ではドイツ、フランス、スペイン、イタリアが国境を封鎖したり、市民に対する外出禁止令を出し、街頭から人の姿が消えた。人や物、情報が世界中を自由に行き交うグローバル化の波は、未知のはやり風邪のウイルスによっていとも簡単に消し飛んでしまった。このような事態を、いったい誰が予想したであろうか。

だから、ＥＵを離脱した英国が経済的に下降するとか疲弊するとかいう予測をいくらしたところで、それはしょせん視界に入るものを捉えているだけの短期的な予測でしかなく、英国が今後、どのような国家になっていくのか、水平線の向こうを見渡すような予測は誰にもできない。

今、我々がすべきことは、英国がＥＵを離脱したあと、どのような国家になろうとしているのか、どのような長期的ビジョンを描いているのか、それを知り、支えることである。それこそが将来の日本の外交、安全保障と深く関わるからである。

英国が今、目指しているもの、それは一口に言って原点回帰である。つまり、今のように狭い欧州に閉じこもるのではなく、一九世紀から二〇世紀前半、世界を相手にしていた世界国家、大英帝国の姿を取り戻そうというものだ。

もちろん、古くさい帝国主義を復活させようというわけではない。経済、安全保障という外交のあらゆる面において、欧州だけではなく、これまで以上にアジア諸国など欧州以外の国々との連携を深め、欧州に留まらない新しい国として発展していこうという新しい大戦略である。

その戦略を英国政府は「グローバル・ブリテン（世界の英国）」と名付け、ＥＵ離脱を決めた直後から強力に推進している。

ただ、「グローバル・ブリテン」というものがどういうものなのか、それについては今のところ、まとまった戦略文書のようなものは公表されていない。しかし、英国政府の議会への説明や首脳陣の発言によって、輪郭ははっきりと見えてきている。それは一口に言うと、「スエズ以東への回帰」である。

一九六八年、当時の英国の労働党政権、ハロルド・ウィルソン内閣はエジプトのスエズ運河より東のアジア各地に駐留していた英国軍を撤退させる「スエズ以東からの撤退」を断行した。それは第二次中東戦争の後、疲弊していた経済を立て直すために行ったもので、アデンから部隊を即時撤退させたのに続いて、三年後にはマレーシアやシンガポールからも軍を撤退させた。

また、英国の影響力の低下を反映して、ペルシャ湾岸の英国の保護領だった首長国が連邦を形成し、アラブ首長国連邦として独立することにもつながった。まさに、英国のスエズ以東からの撤退は、一九世紀から二〇世紀前半にかけてアジアで権勢をふるった大英帝国の存在感を消し去ったのである。

そして、英国が今、描いている大戦略「グローバル・ブリテン」はこの逆を行こうとするものである。すなわち「スエズ以東への回帰」である。

それでは、英国は今後、スエズ以東でなにをしようというのだろうか。それが日本の安全保障にどう関わるのだろうか。次の章では、英国政府の報告書や首脳部の発言から見えてきたグローバル・ブリテンの具体的な中味について考えてみたい。

第3章

インド太平洋へ

グローバル・ブリテンと安全保障

「グローバル・ブリテン」は、英国がEU離脱後に目指している新たな国の外交方針をそのまま表したものである。前述したように、それについて包括的に述べた戦略文書のようなものはないが、英国政府が公表した報告書や首脳陣の発言をまとめれば、英国が追求しようとしている新たな国の姿が見えてくる。

それを最も具体的に明らかにしたのは英国外務省が二〇一八年三月、議会下院外交特別委員会に提出した「グローバル・ブリテンに関する政府のビジョンと外務省の役割」（*The government's vision of Global Britain and the role of the Foreign and Commonwealth Office in supporting and enabling government departments to deliver this vision*）と題した覚え書きである。

ここに、英国の目指す新しい国家像が集約的に描かれている。とはいっても、大部分はEU離脱前の英国の外交方針を継承するものだが、とりわけ注目されるのはインド太平洋への関与を強調している点である。

覚え書きは、まず第七項でグローバル・ブリテンという戦略がなにを目指すのかについて、次のように説明している。

「グローバル・ブリテンは、英国が世界の変化に適応し、外交面でグローバルプレイヤーであり続けるために、そして、今後数年間、世界に関与しなくなるのではという見方を否定するための我々の決意の証しである。それは英国が今後もオープンで外向きであり続けることを示すものであり、（略）我々は固い決意を持って、英国の国際的な地位や影響力を強化する。世界で影響力を行使し、あらゆる地域で同盟国やパートナー国と協力して、世界の安全と繁栄のために行動する」

このくだりは、英国がEU離脱後、自国を常に優先する内向きの「英国ファースト」の国家になるのではという諸外国の懸念を一蹴し、むしろ、これまで以上に世界に積極的に関与する国家になることを強調しようとするものである。

そして、第一一項で英国が重視する外交について次のように述べている。

「二国間関係にしても地域との関係にしても、米国との同盟関係は最優先事項であり、我々が世界で実現しようとすることを達成するための基本である。我々はまた国連安保理の常任理事国との関係も維持する。また、欧州のEUと協力しながら中東地域でのキープレイヤーでもあり続ける。そして、世界の成長の中心であるインド太平洋地域に新しく重点を置く。そこには英連邦の一部があり、それは世界中の国と国を結ぶ広大なネットワークとして、我々に巨大な利益をもたらしてくれるだろう」

つまり、覚え書きは、日本の位置するインド太平洋地域に貢献することが英国の新しい挑戦であり、そのためにアジア地域の英連邦の加盟国との連帯を強化するとしている。すなわち、「スエズ以東への回帰」をここで表明しているのである。

そして、「インド・太平洋」という特別の項目を設けて（三〇項〜三七項）、この地域に関する英国の評価について述べている。

ただ、この覚え書きと名付けられた報告書は戦略文書の体裁を取っていないため、中国とインドを除いては特定の国に対する個別の評価は行っていない。この地域に対する英国の取り組みを概括的に述べているにすぎず、日本との安全保障関係のような個別の問題についてはふれていない。それは、この文書がＥＵ離脱後の英国の大方針を包括的に示すことに目的があるからだろう。

覚え書きでは、まずインド太平洋地域について、

「英国は地域の多くのパートナー国と連携しながら、この地域での国益を追求し、この地域への関与を深める機会を模索し続ける」

と述べ、英国が今後、この地域への英国の関与を深めていくことを表明した。

そして、中国については次のように述べた。

「世界的な課題に取り組むためにも、中国の協力を促し、支援することを目指す。二国間で、また、国連安保理の常任理事国として、中国とは北朝鮮のような国際安全保障への脅威や世界的な健康問題、気候変動の問題で協力していく。同時に、人権や価値、南シナ海、香港の高度な自主性と自由の重視など、相違のある分野では我々の立場を堅持する」（三二項）

「中国は英国の貿易にとってEU、米国に次いで三番目に大きな貿易相手国であり、非常に重要なパートナーである。（略）中国の一帯一路構想によって、アジアとより広い世界でのさらなる繁栄と、持続可能な開発の機会が提供されることを期待している」（三三項）

このように述べて、中国が世界的な問題の解決に向けて積極的な取り組みをするよう期待する一方で、見解が異なる南シナ海などの問題では、英国は妥協せず、これまでの立場は変えないという確固たる意思を表明した。中国とのよい関係を続けることを期待しつつも、警戒は怠らないという英国の立場を示している。

また、中国と伝統的に対立関係にあるインドについては、次のように述べた。

「英国とインドとの永続的な関係もまた我々の願望の中心にある。インドは経済大国であり、アジアでの地政学的役割が増大している。共有する過去と強い人と人の結びつきが、我々に影響とアクセスを与える。それは、安全保障上の脅威に対処し、安定を確保し、繁栄の機会を活用することにつながるだろう」（三四項）

「金融サービスと国防、国際安全保障のパートナーシップは関係の中心であり、政府やそれ以外の協力関係により支えられている」（三五項）

このように述べて、英国がかつて宗主国であった時代から長い時間をかけて培ってきたインドとの太いパイプを活用し、インド太平洋地域の安全保障と安定のために密接に協力し合う必要性を強調している。それは、インドが中国を牽制する地理的に重要な位置にあることや、英国と密接に結びついた英連邦の加盟国でもあることに注目して、英国が今後、インド太平洋地域に進出するにあたってインドとの戦略的な関係の強化に取り組む意思を表明したものである。

そして、英連邦の加盟国が複数ある東南アジア地域について、

「東南アジアはダイナミックな地域であり、英国は様々な分野で関与を高めることができる。それは教育や繁栄、地域の活性化などであるが、とりわけ、我々はオーストラリア、ニュージーランド、マレーシア、シンガポールとＦＰＤＡを結び、この地域への強力で長期的なコミットメントをしている。これは、アジア太平洋地域の平和と安全に対する我々のコミットメントの重要な部分である。特に我々の新型空母や共同訓練など演習を通じて、二国間の防衛関係にも貢献していく」（三六項）

と述べ、英国が今後、インド太平洋地域で安全保障上の貢献を進めるにあたって、英国が東南アジアから南太平洋地域の英連邦加盟国と結んでいる防衛協定ＦＰＤＡに注目していることを明らかにしている。

これは、地域の英連邦加盟国同士の防衛交流のための協定でしかなかったＦＰＤＡを、今後は地域の安全保障の新たな枠組みとして発展させようとする、英国の熱意を表したものである。

このように、英国政府が議会下院に提出した覚え書き「グローバル・ブリテンに関する政府のビジョンと外務省の役割」は、英国がＥＵ離脱後、グローバル・ブリテン構想を実現するため、インド太平洋地域の安全保障に積極的に関わることを表明し、「スエズ以東への回帰」を宣言した画期的な文書である。

そして、その構想の実現にあたって、地域の大国の中国には協力を求めながらも、一方で警戒を怠らないこと、そのために、インド太平洋地域の英連邦加盟国との関係を重視することを強調している。具体的には、インドとの安全保障上の連携を強化することや、東南アジア地域の加盟国とすでに結んでいる防衛協定を新しい安全保障上の枠組みとして発展させることなどを表明している。

覚え書きと称してはいるが、英国が今後インド太平洋地域に進出するにあたって進めていく戦略の大枠を示した、極めて注目すべき文書と言えよう。

軍事力の増強と世界展開

しかし、新しい戦略をとるとか、新しい外交を始めるなどと何度口に出して言ったところで、それが目に見える形で表されなければ英国はグローバル・ブリテンを世界に宣伝できないし、世界は英国の変化を感じ取ることもできない。それを最もわかりやすく、はっきりとアピールできる手段は軍事力である。とは言っても、なにも戦争を始めようというのではない。軍事力の持つ機能の一つを使おうというのだ。

軍事力には大きく分けて三つの機能がある。

一つはまず、国際的な対立が平和的手段で解決できない場合、強制的な解決手段となる武力としての機能。二つ目は、極地でも赤道直下でも、山でも海でも、地球上のどのような環境のもとでも活動できる軍隊の特性をいかして、人道支援や平和維持活動などを行う機能。そして三つ目は、一定の地域に展開し、その地域や国家に向けて自分の国の意思をメッセージとして発信する機能である。

この三つ目の機能は軍隊の持つ古典的機能の一つで、古くから言われる砲艦外交や示威行動というものも、これにあたる。軍事力を見せつけて、場合によっては相手を脅しながら国家の確固たる意思を示し、相手に圧力をかけるというものである。

日本の例では、江戸時代末期、欧米の黒船が鎖国中の日本に大挙して押し寄せ、軍艦を沖合に並べて日本に開国を迫ったことがまさにそうだった。最近では、領有権をめぐって沿岸国が対立している南シナ海で、中国が一方的に島嶼の軍事基地化を進めていることに反対して、米国などが海軍の艦艇を定期的に南シナ海に展開させ、中国を牽制していることもその一例だ。

つまり、一定の地域に軍隊を展開させることは、国家の強い意思を周辺の諸国にメッセージとして発信することになり、それも軍事力の持つ特別な機能の一つなのである。

英国はEU離脱後、この伝統的なやり方で、グローバル・ブリテンを国際社会にアピールする方針だ。

この点を最初に明確にしたのは、テリーザ・メイ首相（当時）だった。彼女は二〇一七年八月一六日、英国海軍の拠点、イングランド南部のポーツマス海軍基地で、新型空母「クイーン・エリザベス」に乗艦し、飛行甲板の上で、乗組員を前に次のような演説をした。

「英国は、この艦とこの艦が意味することに誇りを感じています。この艦は、英国が今後数年間、世界を舞台に新しく前向きな任務を自信を持って遂行することを明確なシグナルとして発信しています。私たちは、完全なグローバルパワーとしてあり続けることを決断しました。私たちは、世界中の友好国や同盟国と協力しながら活動するのです。NATOの指導国として、欧州随一の軍事大国として、そして国連安保理の常任理事国として、英国は規範に基づく国際秩序を維持し、それを支える自由主義の価値を守る責任を負っています。

これを効果的に行うため、私たちは毎年、国防費を増額し、NATOが目標としている国内総生産（GDP）の二パーセントを国防費にあてるという目標を達成し続けます。私たちの空母の保有は、その支出によってもたらされた一例です。

それは非常に多様で強力な資産として、世界中の様々な問題に対処することができるでしょう。その任務は、苛烈な戦闘からテロとの戦い、海外での人命救助など人道目的の作戦まで、世界中のどこにあっても、その実力を発揮することができるでしょう」

メイ首相はこのように述べて、英国は今後海軍の艦隊を世界中に派遣することによって、世界の安定に貢献していくことを表明したのである。この演説は、まさに一九六八年以来の英国の基本戦略であった「スエズ以東からの撤退」と決別することを

ギャビン・ウィリアムソン元国防相（提供：時事通信フォト）

公式に宣言するものであり、かつての大英帝国のように世界に君臨する責任ある国家を目指す決意を語ったものであった。

すなわち、英国がＥＵ離脱後、インド太平洋地域の安定に直接関わっていくことを表明する演説でもあった。

そして、このメイ首相の演説を受けて、英国がどのようにしてインド太平洋地域を含む世界の安全保障に貢献するのか、具体的に明らかにしたのが、ギャビン・ウィリアムソン国防相（当時）だった。ウィリアムソン国防相は一九七六年生まれ、三三歳で下院議員に当選し、四一歳で国防相に就任した若手の保守系政治家である。

彼は二〇一九年二月一一日、ロンドンのＲＵＳＩのセミナーで講演し、グローバル・ブリテンを実現するための軍の役割について次のように語った。

「英国はこの五〇年間で、その役割を見直す最大の機会に直面しています。世界が急速に変化する中で、我々がＥＵから離脱するとき、それがもたらしてくれるチャンスをつかむことができるのかどうかは、私たちにかかっています。私たちは新しい同盟を築き、古い同盟を再興します。そのとき、最も重要なことは、我々は必要なときには行動する国であると明確にすることです。世界がリーダーシップを必要としているときは、それに向き合う国でなくてはなりません。国防の分野は、英国を外向きの国として強くする中心的な役割を果たします。（略）

大国同士がぶつかり合う時代では、自分の裏庭を守るだけでは十分ではありません。英国は世界に権益を持つ世界的な大国です。五番目の経済大国であり、世界で五番目に多い国防予算を持ち、世界で二番目に多い国防輸出をしている国です。

世界的な覇権争い（Global Great Game）が世界という舞台で新たに繰り広げられようとしています。私たちは自分たちの利益と価値を守るため、故郷を遠く離れた場所で備えをしなくてはなりません。

グローバル・ブリテンは簡潔な表現ですが、その意味はそれ以上に深いものがあります。我々の軍隊は、グローバル・ブリテンを最良な形として行動で示すことができます。友好国や同盟国と共に行動し、脆弱な国々に手を貸し、自然災害に直面する人々を支援します。そして、国際法を軽視する者たちには対峙します。私たちの安全と繁栄が依存している世界の規範や枠組みを強化するために行動し

ます。（略）

我々は欧州との関係だけではなく、米国、オーストラリア、ニュージーランド、カナダのファイブ・アイズ（筆者注：情報収集の協力のための五カ国協定）締約国との関係を構築します。シンガポール、マレーシアという五カ国防衛取極を結んでいる国々との関係を構築します。

さらに東南アジア諸国連合（ＡＳＥＡＮ）や日本、韓国、インドとの関係を構築し、中東のパートナーやアフリカの多くの友好国、西はナイジェリアから東はケニアまでの国々との関係を構築します。そうして、我々の持つ世界的な機能を活用して、世界的なプレゼンスを高めることを目指します。（略）

英国が小さな国になり、海岸より内側にこもることを望んでいる人たちもいますが、これまでそれは我々のやり方ではなかったし、本質でもありません。

英国はいつもリスクを取る道を選んできました。英国はいつも深く根ざした価値のために立ち向かってきました。英国はいつも外を向いた国家であり続けました。そして、敵が資金にものを言わせて新しい技術に投資するなら、我々はそれに対応しなくてはなりません。そうでなければ、我々が将来、新たな挑戦や脅威に直面したとき、我々が取れる選択肢がなくなってしまいます。それこそが、Ｂｒｅｘｉｔ（ＥＵ離脱）なのです。

Ｂｒｅｘｉｔは我々にそんな機会を与えてくれました。我々の歴史の中でのすばらしい出来事です。英国の世界でのプレゼンスを高め、その質と量を強化するきっかけを与えてくれたのです」

ウィリアムソン国防相はこのように述べて、英国がＥＵ離脱を機会に安全保障政策を大転換し、安全保障上の諸外国との関係も大幅に刷新することを明らかにしたのである。そして、グローバル・ブリテンを実現するため、英国軍の世界的な配備体制を見直すことや最新の装備を保有することについて、次のように具体的な計画を明らかにした。

一、中東地域に海軍の前方展開戦力を常駐させる。海軍のフリゲート、「モントローズ」を英国初の前方展開部隊の旗艦として、他の五隻の随伴艦と共に中東のバーレーンに配備する。

一、空母の運用開始
新型空母、「クイーン・エリザベス」を最初の作戦活動の場所として、地中海、中東、太平洋に派遣する。

一、海外基地の運用の開始や強化

・ドゥクム海軍施設（オマーン）空母の補給施設として運用検討
・アル・ミンハド空軍基地（アラブ首長国連邦）
・アル・ウデイド空軍基地（カタール）
・バーレーン海軍基地（バーレーン）英国海洋コマンド司令部がある
・ベリーズ（中央アメリカ）
・シンガポール（東南アジア）
・ブルネイ（東南アジア）
・キプロス（欧州）
・ジブラルタル（欧州・英国領）
・アセンション島（南大西洋・英国領）

一、海軍、海兵隊の再編成
・二個の沿岸攻撃部隊（Littoral Strike Group）を編成、配備する。
・このうち、一個部隊はインド太平洋（スエズ以東）、一個部隊は地中海、大西洋、バルト海（スエズ以西）に配備する。
・それぞれの部隊は、沿岸域攻撃艦、空母、水陸両用艦（上陸用艦艇）、揚陸艦などで編成され、状況により両方の部隊を統合して運用する。

一、航空戦力の再編成

・新型の戦闘機Ｆ35を空軍、海軍に配備し、世界中で運用する。
・九機の新型の対潜哨戒機Ｐ８の運用を開始する。
・タイフーン戦闘機の部隊を五個飛行隊から七個飛行隊に増やし、新型のストーム・シャドウ空中発射式巡航ミサイルを搭載する。
・敵の防空網を攪乱するため、集団で飛行するドローンを開発し、部隊（swarm squadrons）を編成する。

一、陸上戦力の再編成
・一個の戦時戦闘師団（Warfighting Division）を編成し、基地を英国内とドイツに置く。
・戦場での防衛能力を向上させるため、最新型の装甲車アジャックス（ＡＪＡＸ）を配備する。
・どのような環境下でも展開できるエリートパラシュート部隊を一個連隊編成し、既存の空中強襲旅団一六個に組み入れる。
・サイバー空間の攻撃・防衛能力を高め、ロボットなどハイテク兵器を配備し、火力を強化する一方で、兵士が危険にさらされる度合いを減らす。
・空軍の情報収集、監視、偵察能力を高めるため、ドローンなどを活用した新しいセンサーシステム、ヴェノムシステム（Venom kinetic capability）を開発、配備する。

ちなみに、新型空母、クイーン・エリザベスのインド太平洋への展開は二〇二一年に予定されており、ウィリアムソン国防相が「国際法を軽視する者に対処する」と明言したことは、英国の太平洋への空母展開が、中国やロシアを念頭に置いたものであると受け止められた。

英国の空母が南シナ海に派遣されれば、その地域の軍事基地化を着々と進める中国を牽制することを意味し、米国と歩調を合わせて「航行の自由作戦」に参加する可能性が高い。

そのため、この演説は中国にとって相当に不愉快なものであったらしく、中国政府はこの演説の直後に予定されていた貿易協定の締結をめぐる英国のフィリップ・ハモンド財務相（当時）との会談を直前になって拒否したほどである。

そのため、英国内でもこの演説に対する評価が分かれる結果となった。

このうち、オブザーバー紙は「EU離脱が成功するかどうかは経済大国中国の前に膝をつくことができるかどうかにかかっているのに、重要な会談の前夜にホストを怒らせることなどありえない」と批判的な論調を掲げた。

それに対して、ザ・テレグラフ紙は「中国は対艦ミサイルを配備した複数の軍事基地を南シナ海に作っており、そのうち三つは米軍のパール・ハーバーよりも大きい。中国との取引より、南シナ海に依存する東南アジア諸国との取引のほうが一〇倍以上も多く、そちらを守るほうが重要だ」とウィリアムソン国防相の発言を支持し、人権を重んじない中国と積極的に貿易することのほうが倫理的に問題だと反論した。

いずれにしても、癇に障る発言を英国の閣僚がしたぐらいで安全保障とは異なる貿易の話し合いを反故にしたとすれば、中国はずいぶん度量の小さな大国と言えよう。


ウィリアムソン国防相が明らかにした軍の編成や装備の刷新計画を見て、最も注目されるのは、英国が、スエズ以東のインド太平洋地域に海軍の部隊を常駐させて、定期的に作戦活動を行うことや、その作戦を支援するため、海外の基地の造営や強化を検討していることだ。

英国海軍は近い将来、日本の近海にしばしば派遣され、日本の港を訪問することも珍しくなくなるだろう。その際、英国海軍はどこを拠点として活動するのだろうか。

とりわけ、第二次世界大戦まで、東南アジア諸国を大きな影響下に置いていた英国は、ＥＵ離脱後に再び南シナ海へ戻ってくるのだろうか。これについて、ウィリアムソン国防相は二〇一八年一二月三〇日付けの英国紙、ザ・テレグラフのインタビューで次のように答えた。

「今、我が国は第二次世界大戦後の最大の転換点に立っている。今こそ我々は再び真のグローバルプレイヤーになるときであり、軍がその重要な役割を果たせると考えている。英国はマレーシアやシンガポール、モルジブから部隊を撤収した一九六八年のスエズ以東からの撤退という戦略を返上することになる。それは英国が再び世界国家（Global Nation）に戻るということだ」

ウィリアムソン国防相はこのように述べて、英国が南シナ海とカリブ海に新しく軍事基地を置く計画を進めていることを明らかにした。

それによると、アジアの新たな活動、軍事拠点として、南シナ海に面したブルネイかシンガポール、大西洋側の拠点として、カリブ海に浮かぶ英国領の島、モントセラトか、カリブ海と大西洋に面した場所に位置する南米のガイアナがそれぞれ新たな基地の候補地として検討されていて、二、三年以内に結論を出す方針だという。ここで候補になった国はすべて英連邦の加盟国であり、英国がＥＵ離脱後、英連邦の加盟国との関係を強化するという外交方針を色濃く反映している。

また、英国が南シナ海に基地を置き、軍隊を展開させるとすれば、規範に基づく国際秩序を重視する日本の外交を側面支援する意味があり、日英の新たな同盟にとって大きな好材料となろう。

　このような一連の国防相の発言は、かつての大英帝国への返り咲きを狙うノスタルジーのようにも聞こえるし、「夢想にすぎない」とする厳しい意見もある。実際に「海外に新たな基地を設置する資金や、海外で軍を運用するコストをどう手当てするのか」といった懐疑論は少なくない。

　しかし、二〇一〇年代に入ってから英国が進めてきた安全保障政策の微妙な変化を見れば、それが単なるＥＵ離脱に便乗した姑息な計画などではなく、かなり以前から長期間、時間をかけて準備してきた既定路線であることがわかる。

　英国の戦略コミュニティーでは、英国がスエズ以東からの撤退を決めて以来、英国の外交、安全保障政策が欧州という狭い地域に偏って議論され、策定されていることに対する批判が根強くあった。特に、二一世紀に入ってから、ロシアがかつての旧ソビエトのように経済と軍事の両面で力をつけ始める一方、中国がロシアと連帯しながら、拡張主義的な動きを東アジアで見せ始め、その地域の英連邦加盟国の安全すら脅かし始めていることに、英国は無関心ではいられなくなっていた。

　そのため、英国は二〇一〇年代に入ってから、アジアで開催される国際会議に多くの閣僚を派遣し、その度ごとに「国家はルールに基づいて行動すべきだ」と主張し、南シナ海での航行の自由と国際法を尊重するよう中国に求めてきた。また、二〇一三年以降、海軍、空軍、陸軍の部隊を日本や東南アジアの英連邦加盟国に頻繁に派遣し、英国が安全保障上のプレゼンスをアジアに拡大する意思があることをメッセージとして発信してきた。

特に二〇一八年は、朝鮮戦争以来の規模となる海軍の艦艇三隻を日本の周辺に派遣し、日本や米国、オーストラリアなど英連邦加盟国と合同演習を行ったり、北朝鮮に対する経済制裁の履行を監視したり、南シナ海で航行の自由を確保するための哨戒活動も行った。

そうした中で、英国はEU離脱を決定し、グローバル・ブリテンという新しい構想のもと、英国の外交戦略の大幅な見直しをすることになったのである。そうなれば、英国の国防方針がかねてから準備してきたスエズ以東への回帰、つまりインド太平洋地域での活動を重視したものへと転換することは自然である。

つまり、EU離脱によって英国の戦略が変化したのではなく、戦略の変化がEU離脱を進めたのであり、その点を見誤ってはならない。

この英国のアジアへの回帰について、南シナ海で中国を牽制している米国はおおむね歓迎する姿勢を見せている。ワシントン・エグザミナー紙は「米国は英国の決定を歓迎すべきだ」と論評し、ブルネイでもシンガポールでも英国が南シナ海に基地を置けば、この海域での警戒が手薄な米国海軍を効果的に支えることができると伝えた。

始動する新戦略

そして、英国は紆余曲折はあったものの、二〇二〇年一月三一日、ＥＵから正式に離脱した。まさにグローバル・ブリテンがそれまでの単なる構想ではなく、国家の大戦略として動き始めたのである。

二〇二〇年二月八日、英国のドミニク・ラーブ外相が日本を訪れた。英国の閣僚がＥＵ離脱後、外国を訪問するのはこれが初めてだった。外相の訪問国は、日本、オーストラリア、シンガポール、マレーシアと、いずれも英国が新たな同盟関係の構築を模索している国々であり、日本以外はすべて英連邦の加盟国として防衛協定を結んでいる国である。また、いずれの国も環太平洋経済連携協定（ＴＰＰ）の参加国でもある。

ラーブ外相は、日本の茂木敏充外相と日英戦略対話に臨んだ。

戦略対話というのは、国と国同士が、国際情勢をどのように認識し、それに対してどのように取り組めばよいのかを確認し合い、双方の戦略を擦り合わせることを目的に行うもので、いわば共通の価値観を共有するために開く会議である。お互いの外交

日英外相戦略対話に臨む、英国のドミニク・ラーブ外相と茂木敏充外相
（提供：時事通信フォト）

や安全保障の大枠はここで決定し、それに基づいて個々の問題について当局者同士が話し合いをすることになる。

通常、同盟国や友好国同士がさらに友好関係を深めるために行われる重要な会議であり、日英の外相間で戦略対話が行われるのはこれが八回目であった。

ラーブ外相は、会議を前に記者団に対して次のように述べた。

「日本は素晴らしい友人であり、アジアにおける我々の最も緊密な安全保障上のパートナーだ。離脱した今、英国は我々に開かれている貿易や投資面でのチャンスを生かすことができる」

このように述べて、インド太平洋地域の諸国と新しい経済的な関係を築き、グローバル・ブリテンの実現につなぎたい意向を示した。

日本の茂木外相との対話の中でも、ラーブ外相はＴＰＰに英国が参加する意思があることや、日本とＥＵがすでに結んでいるＥＰＡをＥＵ離脱に伴う移行期間が終了する二〇二〇年末までに英国と日本の間で結びたい意向を伝えた。

これに対して、茂木外相は英国のＴＰＰへの参加を歓迎し、参加が実現するよう日本政府として支援していくことや、ＥＰＡについても早期に交渉を開始し、妥結を目指したい考えを伝え、両外相はＥＵ離脱後の英国と日本の経済的な協力関係を一層強化していくことを確認し合ったのである。

ＥＰＡはその後、二〇二〇年六月に両国の首席交渉官同士による交渉が感染症対策のためテレビ会議形式で始まり、わずか四カ月あまりの交渉期間を経て合意に達し、二〇二〇年一〇月二三日、正式に協定が調印された。英国のＥＵ離脱後の移行措置の期間が終わる二〇二〇年一二月をにらんだ、異例のスピード合意だった。

このほか、戦略対話では日英間での2プラス2を早期に開催することや気候変動への対策、新型コロナウイルスの封じ込めなどについて日英で協力して取り組んでいくことなどで合意した。

戦略対話の後、発表された日英の共同プレスステートメントは、英国のＴＰＰへの参加の意義について次のように説明した。

「我々は透明性、予見可能性及び法的安定性等によって、ビジネスの継続性を確保することが最も重要であるとの認識を再確認した。英国は環太平洋パートナーシップに関する包括的及び先進的な協定への関心を改めて表明した。日本は英国の関心を歓迎すると共に、この文脈において英国を支援する旨再確認した」

つまり、EU離脱後の英国がインド太平洋に進出することは、新たな経済的利益につながることであり、それが日英関係をより発展させる基礎になることを確認し合ったのである。

その上で、日英がこの地域で安全保障協力をすることについて、プレスステートメントは次のように述べた。

「地域の安全保障を維持することにおいて引き続きリーダーシップを発揮し、ルールに基づく国際システムを擁護していくことにコミットした。北朝鮮に対する国連の制裁を支持する共同行動及び二〇一八年以来の北東アジアへの英国海軍艦船六隻の派遣を踏まえ、我々は追加的な派遣と協力に期待した。この文脈で、我々は共同運用・練習のための行政上、及び法律上の手続きを相互に改善する取り決めに引き続き取り組む必要性を認識した。これは、日本国自衛隊と英国軍との間の複合的な相互運用制の強化に資するものとなる。（略）

我々はまた、南シナ海及び東シナ海における状況について懸念を表明すると共に、現状を変更し、緊張を高めようとするあらゆる一方的な行動に対し強く反対した。我々はまた、南シナ海行動規範が一九八二年の国連海洋法条約に反映された国際法に整合し、航行の自由及び上空飛行の自由を確保し、かつ南シナ海を活用するステークホルダーの権利及び利益を害さないことの重要性を強調した」

つまり、英国が今後も日本周辺に軍艦を定期的に派遣することなど、日英が安全保障上の協力をさらに推進することを両外相は確認し合い、日本やその周辺で英国の軍隊と日本の自衛隊が共同で行動することが容易になるよう、法律などを整備することを約束した。そして、南シナ海では法によるのではなく、力で現状を変えようとする試みがあるとして、これに強く反対していくことを確認したのである。

これは名前こそ出していないが、中国が南シナ海で、周辺国の反対を押し切って、島嶼の軍事基地化を一方的に進めていることを拒否し、日英が共同してこれに対峙していくことを確認し合ったことを意味している。

このように、二〇二〇年二月の日英外相戦略対話では、両外相は、英国がＥＵ離脱以後、インド太平洋地域に経済的に関与することを確認し、同時に、その結果生じる英国の通商上の利益を守るためにも、日英が中心になってインド太平洋地域の安定のため、安全保障協力を推進することを確認したのである。

それは、日本が世界に提唱して推進している「自由で開かれたインド太平洋」という構想を実現するため、英国が日本のパートナーとなって共に行動することを確約する意味を持つ重要な合意であった。

戦略対話の後、記者会見したラーブ外相はグローバル・ブリテンを実現させるために、経済活動の重心をアジアに向けようとしていることについて「それは部分的に通商上の利益を追求するためだが、（日本が主張する）『自由で開かれたインド太平洋』への英国の政治的関与でもある」と述べ、TPPへの参加や日本とのEPAの締結は、英国がインド太平洋地域の安全保障に関わるための手段として考えていることを強調した。

確かにEU離脱後の英国にとって、日本のようなEU域外の同盟国、友好国との経済連携は重要な課題である。また、日本にとっても英国との経済関係をEUとの関係と同じレベルで維持することは絶対に必要なことである。

また、英国はTPPへの加盟については二〇一八年から関心を示しており、日本もそれを支持してきている。もし、TPPに英国が加盟すれば、TPPの世界のGDP

に占める割合は一三パーセントから一七パーセントまで増加することになり、その分、ＴＰＰの世界的影響力が増すことになる。英国のラーブ外相も言うように、英国のインド太平洋地域への政治的関与もそれに比例して拡大することになろう。

英国がインド太平洋地域に進出する重要性について、ロンドンのシンクタンク、ヘンリー・ジャクソン・ソサエティー（Henry Jackson Society）は二〇一八年五月、報告書「インド太平洋とグローバル・ブリテン」を発表し、その中で、英国とインド太平洋地域の関係について現状を分析したうえで、今後、英国政府が取り組むべき課題について次のような提言を行っている。

（現状の分析）

・中国の海軍力増強によって、シーレーンと一帯一路が軍事化されることは、単にその地域を裕福にするだけではなく、その地域を統治するルールを中国が管理することにつながる。

・英国はインド太平洋地域の中でも、歴史的に関係の深い同盟国、日本とインドとの関係を強化しなくてはならない。そして、シンガポールなど英連邦の加盟国との特別な関係を再構築しなくてはならない。

・世界の中産階級は今後二〇三〇年までに五〇パーセント増加する。その多くはインド太平洋地域に居住し、数百の新しい都市や、産業、機会を創出することになろう。

・世界の貿易の九〇パーセント以上は、海を経由して行われている。海洋での交易は、これらの新しい都市へ消費財やエネルギーを届ける必要から大幅に増加する。

・中国はシーレーンを守るため、シーレーンの直接管理に乗り出す。それはインドの台頭を抑え込み、次の時代のルールを作り出そうとする試みになる。

・インド太平洋地域は、様々な国際関係が入り乱れる競技場のようになりつつある。そうした中で、英国と歴史的につながりのある同盟国の多くは、海洋に関する協定と法を重視するゆるやかなグループとして連携を始めている。

・英国も法に基づく秩序とシーレーンを重視しており、最終的には、ほとんどのアジア諸国と共に、中国に対する「関与とバランス」の使い分けをすることが必要になるだろう。

（英国政府への提言）

・米国、日本、インド、オーストラリアの四カ国を軸に、インド太平洋での多くのパートナー国と多層的な安全保障関係を作るべきである。
・シンガポールに限定せずに、ＡＳＥＡＮ諸国内に特別なパートナー国を作るべきである。そして、そのそれぞれの国と二国間で定期的に2プラス2を開催するべきである。
・オーストラリアは米国、日本、フランスを含む主要な同盟国と緊密な関係を発展させており、オーストラリアを接点として、この地域の安全保障関係を再構築するべきである。
・国防費をＧＤＰ比で二パーセントから三パーセントに増額すべきである。特に海空軍の戦力増強に焦点をあて、必要な装備を調達すべきである。それは英国の世界的な影響力を増大させることに貢献する。
・アジア諸国との関係を改善するため、ソフトパワーを用いた外交に投資すべきである。具体的には英国の大学で日本語や中国語、ヒンズー語の言語教育のプログラムが拡大するよう投資を増やしたり、また、中国の一帯一路構想に対抗するため、この地域のインフラ開発への資金提供を行うべきである。

このヘンリー・ジャクソン・ソサエティーの報告書は、英国がグローバル・ブリテンの実現のためにインド太平洋に進出するのは当然のことという前提に立ち、英国政府が今後取り組むべき課題について以上のような提言を行った。ただ、この見解は英国の安全保障の専門家で作る戦略コミュニティーの中では決して特殊な意見ではなく、これまでもしばしば議論されている一般的な見解であり、それを包括的にまとめて指摘している点が注目される。

以上、ＥＵ離脱後、インド太平洋地域に進出しようとする英国の思惑を英国政府の首脳の発言や公文書を通して考えてきたが、それはそのまま日本との新しい同盟がなぜ必要かという問いかけに対する答えにもなっているように思える。その答えを簡単に言えば、日本も英国も海を通じた交易で経済が成り立ち、海によって国家の安全を維持している海洋国家（シーパワー）だからである。

英国も日本と同様、海洋国家として、世界の海をどこでも自由に航行できるという国際法の基本原則を伝統的に重視してきた国家である。まして、インド太平洋地域は欧州とは違って、国と国が海によって結ばれた国家群によって作られた地域である。そして、その国家群の多くが英国にとって、日本のような友好国か、英連邦の加盟国である。その結果、英国の貿易額の一二パーセントに相当する物資が南シナ海を経由して運ばれている。

つまり、英国は元々、この地域に大きな権益を有しているのであり、インド太平洋地域の安定に関与する責任を持つ国である。海の安全を守り、ルールに基づく国際秩序の形成に貢献するのは海洋国家、英国に課せられた伝統的な責務と言ってもよい。

英国にとって海の安全とは、単に英国の経済的権益を支えるためにあるのではない。世界の多くの海洋国家と友好関係を育み、海を通じて交易を盛んにし、それによって繁栄の機会を獲得することこそ、英国にとって最も重要な国益なのである。それは、英国が過去から現在に至る長い歴史の中で営々と守り続けてきた海洋国家、英国の伝統であり、国是でもある。だから、英国がこの地域に関与するのは自然なことであり、欧州に閉じこもっているほうがむしろ不自然である。

「海の安全を守り、海洋国家の繁栄を促す」

これこそが日本と英国が国家として発展、繁栄するための基礎であり、最大の国益である。日英の同盟を再構築する意義も、すべてこの点にあることを見逃してはならない。

第4章

なぜ新・日英同盟なのか

それでは、なぜ日英は同盟関係を築くのか。なぜ海洋国家同士は手を携えるのか。地政学的視点とその背景にある国際秩序の変化について考えてみたい。

地政学的必然

まず、なぜ日英は結びつくのかだが、この質問に一言で答えるのは難しい。第二次世界大戦の一時期を除けば、日本と英国の間にはすでに四〇〇年にわたる友好の歴史があることや、明治維新後の日本の近代化が英国によって牽引されたという歴史的側面もあるだろう。

また、英国王室と日本の皇族との特別な関係、派手な振る舞いや喧噪を嫌い、慎ましく礼節を重んじる英国人の気質もどこか日本人と似通っているし、英国の騎士道精神と日本の武士道精神も感情的な振る舞いや、品性のない言動を戒める点では似通っており、それがそれぞれの国民性に影響を与えているのかもしれない。

私も過去、英国で生活し、今でも仕事を通じて常に英国の人たちと接しているが、英国人の感性は日本人の感性とどことなく似ていて、居心地のよさを感じることが多い。それは、欧州に駐在した日本の外交官やビジネスマンが共通して述べる感想でもある。つまり、英国は日本人にとってどこか日本と似た国なのであり、英国人にとっては逆もまたしかりなのである。このように、日本と英国が親和性のある国家である理由は指摘すればきりがない。

そして、日英関係はこれまでずっとこのような日英の親和性によって支えられてきたし、それは日英同盟復活への動きの遠因でもあるように思える。

しかし、それ以上に日英には共に手を携えなくてはならない特別の事情がある。それは両国が似通った地政学的、戦略的環境に置かれているということだ。

中世の大航海時代以降、世界では多くの大国が紛争や戦争を繰り返してきた。時代によって戦う相手や戦い方、使う武器などは違っていても、共通する部分がある。それは、大規模な紛争や戦争は決まって内陸国家（ランドパワー）と海洋国家（シーパワー）の対立によって起きているということだ。

地球上に存在する国家は内陸に位置し、発展の手段を陸上輸送に求める内陸国家と、沿岸部に位置し、国家の発展の手段を海に依存した海洋国家のいずれかに大別される。前者はロシアや中国、ドイツなど東欧諸国のようにユーラシア大陸の中心部に位置する国家であり、後者は米国や英国、西欧諸国、日本や東南アジア、インドなどユーラシア大陸の周辺に位置する国がこれに当たる。

なぜ、内陸国家と海洋国家の間で衝突が起きるのかと言えば、国家は地理的条件と自然環境の影響を受けて成長、発展するため、自ずと内陸国家と海洋国家では異質の政治体制、国民性が形成されやすいからだ。

例えば、内陸国家は外国との境界のほとんどを陸地で接しているから、外敵の侵入、侵略を受けやすく、常に緊張した状態に置かれている。そのため、外敵の脅威に備えるよう、国内の結束を維持し、秩序の引き締めが重要となり、専制政治が行われやすい。また、重要な物資の輸送手段が陸上輸送に限られるため、輸送コストが莫大になり、国の経済を常に圧迫する。

一方、海洋国家は境界のほとんどが海であるために、もともと外敵の侵入や侵略を受けにくく、国家が比較的安定しやすい。そのため、自由な思想や文化が花開きやすい。民主主義が萌芽したのも、英国をはじめとする海洋国家である。また、多くの港を持ち、世界中の海洋国家と海を経由して交易をすることができるので、経済的に発展しやすい。つまり、国家が豊かになる基盤を多く持っているのが海洋国家である。

そうした中で、内陸国家はそのような恵まれない環境をただ甘受しようとはしないから、豊かさの源泉としての海を獲得しようと膨張主義に魅了されやすく、結果として隣国への影響力拡大や侵略に進む場合が少なくない。黒海やバルト海、アドリア海、朝鮮半島を目指した帝政ロシアの伝統的な南下政策、海洋支配を目指した旧ソビエト、ナチスドイツ、最近の中国の海洋進出がこれにあたる。

その結果、もともと海で繁栄している海洋国家は、海に出ようとしてくる内陸国家と必ず利害が衝突することになり、これが最悪の場合、戦争に発展する。そうなったとき、海洋国家はもともと経済力で内陸国家に勝るうえに、伝統的に世界各国と海で結ばれているため同盟国を持つ国が多く、軍事的な協力も得やすいので戦争になれば優位である。

これに対して、内陸国家はもともと不安定な経済を抱えている上、周辺国とは絶えず緊張しているので同盟国を持たないことが多く、海洋国家との戦争は長期戦になればなるほど不利である。

大航海時代以来、覇権を求める幾多の内陸国家が海洋国家との戦いに挑んだが、最後に勝利し、覇権の座を勝ち得たのはポルトガル、スペイン、オランダ、英国、そして米国であり、常に海洋国家であった。特に近代の戦争では、内陸国家が戦争に打ち勝って、海洋を支配するためには、重装備の陸軍と高速で移動できる海軍の両方を保有しなくてはならない。

しかし、軍事的協力を得られる同盟国もいないうえに、もともと経済的に苦しいため、海洋国家に打ち勝つのは容易ではない。近代の日露戦争、第一次・第二次世界大戦、朝鮮戦争、東西冷戦、いずれの戦争も内陸国家と海洋国家の対立によるものであった。

これについて、米国のカーター政権で国家安全保障担当の大統領補佐官を務めたズビグネフ・ブレジンスキーは、東西冷戦での米ソ対決を回顧して次のように話している。


「海洋大国と優勢な大陸国家の間の、大昔からの、伝統的といって差し支えない紛れもなく地政学的な衝突の系譜に並ぶものだった。この意味で、アメリカはイギリス(さらに遡ればスペイン、オランダ)の後継国であった。一方のソ連は、ナチ・ドイツ(遡れば帝国ドイツ、ナポレオン時代のフランス)の後継国であった」『ゲームプラン』(鈴木康雄訳、サイマル出版会、一九八八、一五ページ)

米国が現代、唯一の超大国でいられるのは七つの海を支配できる軍事力を持つからであり、一九世紀の英国が世界に君臨できたのも同じ理由からであった。

海洋支配が大国の条件であるとする考え方は、古くから存在している。

紀元前五世紀、古代ギリシャの歴史家であったヘロドトスは、人類最古の歴史書として知られる『歴史』(松平千秋訳、岩波文庫)を著し、ペルシャ戦争について記述したが、その中で、古代ギリシャの歴史家、ヘカタイオスはペルシャの勢力拡大にギリシャが対抗するためには海を制覇することが必要だと説いたと指摘している。
また、同じ古代ギリシャの歴史家、トゥキディデスは名著『戦史』（久保正彰訳、中公クラシックス）の中で、古代ギリシャの政治家で都市国家アテナイを築いたペリクレスが民主制と共に制海権の確保を重視していたことを指摘している。

このような海を重視する哲学は、長い歴史の中で現代に至るまで脈々と戦略家によって受け継がれてきたが、それらを近代の海軍戦略として体系的にまとめたのは一九世紀から二〇世紀初頭の米国の海軍軍人であり戦略家の、アルフレッド・セイヤー・マハンであった。

マハンは名著『海上権力史論』（北村謙一訳、原書房）の中で、海洋での活動が国家に与える影響を歴史的に考察した。そして、海を支配できる国家だけが、世界の海上交通路を支配し、大きな富を得ることができ、大国に成長できると主張した。まさに、「海を制する国が世界を制する」という考え方だ。その上で、海洋国家の条件として次の諸点を備えていなければならないと主張した。

①世界各地にアクセスしやすい地理的特性
②海岸線と島嶼を持つ自然環境

③獲得した資源を効率的に分配できる適切な広さの領土
④船団や海軍を運営するための教育や技術を提供できる適切な規模の人口
⑤漁労文化を保有する海洋民族としての適性と国民性
⑥海洋進出を前提とした政策と戦略を持つ政治指導部

そして、マハンは「内陸国家は海洋国家にはなれないし、海洋国家は内陸国家にはなれない」と断言した。つまり、国家はその地理的環境からどのような国家になれるかは自ずから限定されているのであり、運送や輸送の手段がいくら進歩してもその特性を完全に変えることはできない。それは、国家の意思以前の問題であるからである。

話を日英関係に戻すが、これまで述べてきたような視点から日英関係を考えると、日英は両国とも立派な海洋国家であり、日英が同盟を組むということは、海洋国家同士が連帯することを意味していることがわかる。

日英は、両国とも国の周囲を海岸線と島嶼で囲まれた文字通りの島国であり、両国とも過去の長い歴史の中で、共に海洋国家として発展し、繁栄を続けてきた。ちなみに、領土の広さは英国が二四万二五〇〇平米であるのに対して、日本は三七万七九〇〇平米、人口は二〇二〇年七月時点で、英国が六千八〇〇万人、日本が一億二六〇〇万人で、見かけ上は日本のほうが英国よりひとまわり大きな海洋国家である。

また、両国の大陸との位置関係にも共通点が多い。英国は大陸よりやや離れた沖合にあり、大西洋と北海が接するところに位置している。一方、日本も大陸より離れたところにあり、太平洋とオホーツク海や東シナ海が接するところに位置している。つまり、日本も英国もユーラシアの内陸国家が外洋に進出しようとする場合、その出入り口に鎮座しているわけだ。

このことは内陸国家にすれば、日英はユーラシア大陸の東と西の両端にあって、共に彼らの海洋進出を監視する場所にあるように見える。それを現実の国際関係に照らし合わせれば、英国はロシア、日本はロシアと中国というユーラシアの巨大な内陸国家の海洋進出に睨みをきかす場所に位置し、実際にそのような安全保障上の役割を果たしているのである。

そして、このような地理的事情もあって、両国とも後方に位置する米国とそれぞれ同盟関係にある。英国はＮＡＴＯ条約を米国と結び、日本は日米安全保障条約を米国と結んでいる。これを地球規模で見れば、この二つの同盟条約は米国を中心にユーラシアの両側面を抑え込むように太平洋と大西洋をまたいで結ばれている。日本と英国が、米国にとって世界で最も重要な戦略的パートナーであるのは、このためである。

このように地球儀を単純に俯瞰するだけでも、日本と英国が非常に似通った地理的条件のもとに存在し、それゆえ安全保障上の立場も似通っていることがわかる。両国は共通の戦略環境に置かれている海洋国家同士として、ユーラシア大陸の両端に位置する国として惹かれ合い、接近する。そして、同盟関係を築くことはまさに地政学的必然であり、それ以上の論を俟たないだろう。

G-Zero（ジー・ゼロ）の世界

第二次世界大戦後四五年間も続いた東西冷戦は一九八九年一二月、米国と旧ソビエトの首脳が冷戦の終結を宣言することによって終わりをみた。しかし、冷戦の終結は、東欧の東側諸国のドミノ的崩壊と旧ソビエトの終焉をもたらす結果を生んだ。二〇世紀の最大の発明とさえ言われた共産主義体制は、西側の自由主義、資本主義体制に敗北し、わずか数年間で完全に崩れ去ったのである。

国家というのは不変で永続するように思われがちだが、実は生き物のようにそれを養っている人たちが面倒を見なくなると、意外にもろく壊れやすいものであることを印象付けている。

そして、世界には米国がただ一国、超大国として残ることになり、米国の一極支配が始まり、それは長く続くように思われた。そうした中で、二〇〇一年、米国で、国際テロ組織「アルカイダ」によるニューヨークとワシントンを狙った同時多発テロが起き、三〇〇〇人近い米国市民が殺害された。米国はその報復としてアルカイダの本拠地があったアフガニスタン、そして、イラクに進攻し、一〇年以上にわたって軍事作戦を余儀なくされたのである。

その結果、戦闘終結後の期間も含め二〇二〇年一月までに、米軍だけでおよそ七〇〇〇人の兵士や関係者が死亡した。このことは、米国の年老いた父親や母親たちが大切な我が子を地球の裏側の見知らぬ戦場に送り出し、しばらくして星条旗に包まれた棺に入って帰ってくるのを迎え続けて二〇年近くが経過したことを意味する。

当然、米国内では、なぜ米国の若者だけが祖国から遠く離れた辺境の地で戦って死ななくてはならないのか、という素朴な疑問を持つ市民は増えるし、そうなれば米国の大統領はそんな世論を無視できなくなる。

そして、それは米国伝統の孤立主義を再生した。二〇一三年九月一〇日、米国のオバマ大統領（当時）は、全米向けのテレビ演説で、米国はこれ以上、世界の安全の責任を果たさないとして、冷戦以来、米国が続けてきた世界の安定への貢献には限界があることを突然表明した。世界の警察官の役割を返上することを宣言したのである。

この演説の骨子は、次のようなものだった。

・問題がアメリカへの直接的脅威でない以上、討議を米議会にゆだねる。
・イラク、アフガニスタン攻撃後、いかなる軍事行動も国民から支持されないことがわかっている。
・アメリカは世界の警察官ではない。世界の凶事のすべてを正すことは、我々の能力と手段を越える。

米国は建国以来、米大陸という太平洋と大西洋に挟まれた安全な場所に位置しているから、外国の侵略を受けたことはほとんどなかった。そのため、米国には国の中に閉じこもって平和と繁栄を謳歌していればよく、国際情勢からは一歩距離を置くべきだとする伝統的な孤立主義、モンロー・ドクトリンという考え方がある。

一方、第二次世界大戦後、米国は民主主義の覇者として世界の安定に責任を持つべきだとするトルーマン・ドクトリンと呼ばれる介入主義も芽生え、この二つの相反する外交戦略を米国は並行して持ち続けてきた。

米国の外交は、外国の紛争に長く関わると厭戦気分から孤立主義が頭をもたげ、しばらくの間、平和を謳歌し、国力に余力ができると再び介入主義に傾くという傾向がある。米国は二つの矛盾した戦略の間で振り子のように揺れながら、国際情勢に対応してきたのである。

しかし、冷戦終結後、湾岸戦争、ユーゴスラビア紛争など地域紛争が各地で頻発し、国際テロが先鋭化すると、米国は介入主義を強化し、アフガニスタン、イラクへと兵を進めてきた。オバマ大統領の決定は、その一連の流れにブレーキをかけるものだった。

こうして米国がやる気を失い始めると、そこにつけ込むように活発な動きを見せ始めたのが中国とロシアである。

中国は南シナ海の南沙諸島を自国の領土として一方的に宣言し、軍事基地の建設に着手した。また、空母を建造するなど海軍力を強化して、西太平洋からインド洋にまで進出の機会をうかがうようになった。さらに、南太平洋、中南米、アフリカ諸国に多額の経済援助を行って中国の影響力の拡大を狙い、一帯一路構想を掲げてユーラシア大陸の周囲を中国の勢力圏にしようとさえしているように見える。

一方、ロシアはウクライナ領のクリミア半島を事実上の自国領として併合したり、第二次世界大戦後初めて中東に軍事介入し、シリアで軍事行動を始めたり、黒海、バルト海沿岸での軍隊の活動を活発化させ、欧州各国との緊張を高めている。さらに、中国と連携するようになり、北太平洋や地中海などで共同の軍事演習を定期的に実施するようになった。

こうした中で、二〇一七年、米国ではトランプ大統領が就任するのだが、トランプ氏もまた「米国第一主義」を掲げて、米国の国益にならないことには関心がない姿勢を明確にしており、国際機関との連携や同盟国との関係強化にもほとんど関心を示さなかった。つまり、米国はますます内向きの孤立傾向を強めていて、その分、海外への米国の影響力にも陰りが見え始めているのである。

こうした米国の「やる気の低下」について、米国の政治学者、イアン・ブレマーは著書“*Every nation for itself: winners and losers in a G－zero world*”（Portfolion, Penguin, 2012）の中で、米国の影響力が低下することによって生まれる新しい世界秩序について分析した。この中で、ブレマーは米国の力の低下によって作られる世界秩序をG－zeroの世界と名付け、新しい時代ではグローバルなリーダーシップが欠如し、どの国も自国の利益を優先して活動するようになるから、その結果、国家と国家の衝突が起きやすくなると主張した。

また、米国の政治学者、グレアム・アリソンはその著書“*Destined for War: Can America and China Escape Thucydides's Trap?*”（Houghton Mifflin Harcourt, 2017）の中で、覇権争いと戦争の関係について歴史的に考察した。

それによると、ギリシャ・ローマ時代から現代に至るまで世界で起きた大規模な戦争は、すでに覇権を確立している大国の力が弱まったとき、力をつけ始めた新興国がその覇権を奪おうとしたことから起きたことが多く、古くは古代ギリシャ・アテナイとスパルタのペロポネソス戦争、近代では英仏戦争や日露戦争、太平洋戦争、米国と旧ソビエトの冷戦などがこれにあたるという。

アリソンは、過去五〇〇年間で起きた一六の覇権争いのうち、一二の事例で戦争に発展したことを指摘した。アリソンはこの力学を「トゥキディデスの罠」と名付け、超大国だった米国が力を弱め、新興国の中国が力をつけ始めると、米中間の覇権争いが戦争に発展する危険があることを警告した。

このように唯一の超大国、米国の影響力の低下が国際社会の秩序を乱し、新しい世界秩序が混沌としたものになるとする専門家の分析は多いが、一方で、米国の力の低下を過大に評価し、新興国の国際社会での役割を過小に評価しすぎるという批判もある。実際、米国の力の低下は本当に起きているのだろうか。細かな論点に立ち入ることはここではできないが、「国力」という視点で考えてみたい。

特定の国の力が外国に与える影響は通常、能力と意思を掛けあわせて計算される。すなわち、

能力×意思＝国力

である。これは安全保障でしばしば行われる脅威の評定の方法と同一である。この場合は、

能力×意思＝脅威

としばしば表現される。脅威は相手国の国力をそのまま反映し、国力は敵国にとっては脅威となるから、脅威と国力を厳密に区別して考える必要はない。

わかりやすい例で言えば、北朝鮮は日本を攻撃できる射程のミサイルを持つから、日本への攻撃能力はある。しかし、いくら能力があっても、攻撃する意思がなければ脅威にはならない。その意味で、北朝鮮は日本を攻撃することを何度も公式にほのめかしているから、意思があると判断される。これを能力と掛けあわせれば、北朝鮮は日本にとって脅威と判断される。

これに対して、米国も射程の長いミサイルを持つから、日本を攻撃する能力は十分にある。しかし、米国は日本の同盟国だから、日本を攻撃する意思などあるはずもない。だから、能力に意思のゼロをかければ、結局、脅威はゼロと判断される。

中国はどうだろう。

日本を攻撃できる軍事力を保有しているから能力はある。しかし、攻撃する意思があるかどうかと言えば、日本は友好国ではないにしても、今現在は敵対している国で

もない。日本は米国の同盟国でもあるから、中国から見た日米の軍事力は侮れない。したがって、当面の攻撃の意思はない。しかし、意思は状況次第で簡単に変わるから、中長期的にその意思がないとは断言できない。つまり、中国は北朝鮮のように切迫した脅威ではないにしても、中長期的には脅威と評定できよう。

この伝統的な脅威の評定方法を国力の計算式にあてはめたのが、冷戦下の一九六〇年代、米国ＣＩＡの分析官から国務次官補を歴任したレイ・クラインである。彼は、政府で務めたあと、ジョージタウン大学の戦略国際問題研究所の専務理事として、安全保障上の脅威を評定する国力方程式を考案した。

一口に大国と言っても、大国の定義は極めて曖昧である。国土の広さを言うのか、経済力を言うのか、国民の生産力を言うのか、はっきりとした定義はない。かつて、大英帝国は、七つの海を支配する海軍力と全世界への植民地の拡大、交易による利権の収受によって大国となったが、戦後の日本は、一切の軍事力を行使せず、経済力によって大国に成長した。

大国とは、いったいなんなのか。国力とは、なんなのか。

例えば、日本のような経済力を持つ国は、平和時においては確かに諸外国に影響力を発揮できる大国と言えるが、経済力だけではこちらの意志を相手に強制的に受け入れさせることはできない。まして、国家が戦争状態に陥れば、経済力は簡単に無力化される危険があり、その意味で経済大国は本当の大国ではないのかもしれない。

他方、軍事力が強大なら、大国と言えるのかと言えばそうでもない。確かに、軍事力は国力を決める大きな柱の一つではあるが、軍事力は単に兵力で決まるものではなく、軍隊が保有する兵器の質や、それを使いこなす兵士の能力、兵士の士気、軍事作戦を後方から支える兵站能力、部隊の編成、基本となる軍事戦略、情報の収集能力、側面から支援する民間の技術力などが、バランスよく混合して、初めて強大な軍事力となるのである。

そこで、前述のレイ・クラインは次のような国力を計算する方程式を考案した。それは、

Pp=(C+E+M)×(S+W)

と表記された。

これを日本語に置き換え、わかりやすく書き直すと、

国力=(〈人口+領土〉+経済力+軍事力)×(国家戦略+国家の意思)

というものである。

このレイ・クラインの提案した国力方程式に現在の米国をあてはめて考えると、意

外な現実が見えてくる。

確かに、米国の人口は三億人を越えているし、領土も変化はなく、経済力は世界一位、軍事力にいたっては比肩しうる国家は存在しない。しかし、確たる国家戦略の存在とそれを遂行する国家の意思という意味ではどうだろうか。

トランプ前大統領の米国第一主義は国内優先と経済優先の内向きな政策であり、環境保護のような国際条約や国際機関、さらには同盟国との協調などは重視しなかった。

そして、二〇二一年一月、民主党のジョー・バイデン大統領の民主党政権が誕生した。バイデン政権は前のトランプ政権とは違って同盟国との協調を重視する姿勢を示してはいるが、それが積極的な関与政策への回帰を意味するのかどうかは、不透明である。

そもそも現在の米国政治の内向き志向は二〇〇〇年代のジョージ・W・ブッシュ共和党政権の頃から兆候が見られ、次のバラク・オバマ民主党政権では世界の警察官の役回りを下りる方針を示すことで開花した。そして、それを次のトランプ共和党政権が米国第一主義という形で引き継ぎ、推し進めてきたものであり、一時の政権の政策というよりむしろ構造的なものである。したがって、米国は今後もかつてのような関与主義に戻る可能性は少ないとみるべきだろう。

つまり、現在の米国は大国としての物理的能力は持ち合わせているが、その力をどのように運用して世界をリードしていくのかという明確な意思と戦略が欠如しているように見える。いくら能力があっても、意思が薄弱では国力方程式のかけ算をすればマイナスの答えが導き出される。

クラインの国力方程式にあてはめて考えると、現在の米国の国力は相対的に低下していると見るのが妥当である。そして、それは新しい世界秩序を生むことにつながり、米国を中心とした西側諸国同士の関係にも様々な影響を与えることになる。日英関係もその一つである。

西側陣営の崩壊

東欧で民主化革命が起きて三〇年が過ぎた。かつて旧ソビエトの衛星国だったポーランドやチェコなど東欧諸国が雪崩を打つように次々と崩壊して民主化し、続いて、バルト三国や中央アジアの国々、さらに共産主義の本家、旧ソビエトが崩壊するまで、わずか二年半しかかからなかった。

その背景には過去の歴史や文化の違い、西側から流入した情報などが複雑に作用していたが、最も大きな要因は旧ソビエトで改革派のゴルバチョフ氏が書記長に就任し、「ペレストロイカ」（改革）と言われる新しい外交方針のもと、東側諸国への影響力を急激に弱めたことだった。つまり、東側陣営の崩壊は中核の旧ソビエトの求心力が低下したため起きた地殻変動であった。

その結果、唯一残った超大国、米国がこれまで西側陣営を率いてきたが、東欧を崩壊させた地殻変動の第二波が今、西側陣営に押し寄せている。西側陣営の崩壊の始まりであろう。

二一世紀に入って米国の国際的影響力、言い換えれば求心力が低下してきていることと、それに対峙する中国・ロシアという連帯した一大権力がユーラシアで台頭してきたことによって、これまで国際社会を安定させてきた力のバランスが崩れ始め、西側陣営内に様々な亀裂を生じさせている。

そのことを垣間見せたのが二〇一九年一二月、ロンドンで開催されたＮＡＴＯ首脳会議だった。この会議ではＮＡＴＯの抱える「内憂」と「外患」の両方が露わになった。まず、「外患」として指摘されたのは、中国の欧州に対する影響力の拡大であった。

会議で採択されたロンドン宣言は、「中国の影響力増大と国際政策は、ＮＡＴＯが同盟として取り組むべき機会と挑戦である」と表明し、ＮＡＴＯが初めて中国の欧州への影響力拡大を安全保障上の懸念として表明した。これまで中国の進出を経済的な

2019年12月に英国で行われたNATO首脳会議（提供：時事通信フォト）

側面から歓迎する傾向が強かった欧州にとって、異例の対応だった。

と同時にこの会議で露わになったのは、これまでNATOの中心的役割を果たしてきた米国の国際的影響力が低下する一方、それとタイミングを合わせた中国・ロシアというユーラシア権力が台頭してきたことで、欧州の同盟の結束に揺らぎが生じていることであった。

NATOは冷戦時代、旧ソビエトに対抗するためにアメリカが中心となって作られた組織だから、アメリカの指導力が低下すれば必然的に同盟の結束は緩む。その表れの一つが、フランスのマクロン大統領がNATOの役割に

ついて疑問を呈したことだ。

マクロン大統領は「ＮＡＴＯは脳死状態」「米国に頼らないヨーロッパ独自の安全保障体制を築こう」と主張した。そして、ロシアに急接近し、二〇一九年八月にはプーチン大統領を自身の別荘に招いて会談し独自の外交を始めた。

フランスのロシア接近は、欧州諸国にとって第一次世界大戦の要因となった「仏露同盟」を想起させるものであり、必ずしも心地よいものではない。米国を排除し欧州による欧州の防衛という考え方は、伝統的なフランスのドゴール主義に根ざしているものだが、実際にこれまで成功した試しはない。

第二次世界大戦以降、欧州の安全保障は常に米国の軍事力に頼り続けてきたことは事実であり、その現実から少しでも脱しようと加盟国はそれぞれＧＤＰ比で二パーセント以上の国防費の支出を約束した。しかし、その約束を守った国は、米国と米国の盟友の英国、地理的にロシアに近いバルト諸国など八カ国にすぎない。

だから、マクロン大統領の構想の実現は簡単ではないが、米国排除という発想をフランスの大統領があえて表明したのは、米国の欧州への影響力の低下が明らかだからだ。

また、欧州で最強の軍事力を持つ英国は二〇二〇年一月、正式にＥＵから離脱し、離脱後はグローバル・ブリテンという構想のもと、新たな外交を始めた。それに合わせて新たな国家安全保障戦略を策定する方針だが、その骨格となるのはこれまでのように欧州に偏らず、インド太平洋への関与を深めることであり、そのパートナーとなるのが、英国がアジアで唯一「同盟国」と呼ぶ日本と、アジアに散在する英連邦の加盟国である。

もちろん英国は今後もNATOのリーダーとして、欧州の安全保障には深く関わる方針だが、これまでと変わらない安全保障上の貢献を欧州に提供し続けることができるかどうか不透明だ。

英国は、歴史的にも第二次世界大戦の際は米国を欧州に引き込み、欧州をナチスから解放する中心的な役割を果たしたし、冷戦中は西ドイツに米国と共に最前線に軍隊を展開させ、NATOの抑止力の根幹を担ってきた。冷戦後も、NATOがユーゴスラビア紛争やリビア爆撃に介入する際、常に中心的な役割を果たしてきた。

そして、なによりも米国との特別な関係を利用して、米国を欧州に関わらせてきた実績がある。その英国が欧州との間にやや距離を置き、新しい国になろうとしているのだ。米国の影響力が低下していることと、無関係ではない。

また、NATOの抱える最も深刻な問題は、加盟国トルコが同盟に背を向けるようになったことだ。トルコはNATOとの事前の協議なくシリアに軍事侵攻し、クルド人勢力を攻撃した。このクルド人勢力はNATO軍として米英仏などがテロ組織ISに対して軍事行動を行った際、これに協力した武装勢力であり、NATOとしてトルコの軍事行動は到底容認できるものではない。

ところが、トルコはNATOに対して、クルド人勢力をテロ組織として認定しなければ、バルト諸国やポーランドに提供するNATOの軍事協力案に拒否権を行使して妨害することをちらつかせ、同盟国であるはずのNATO諸国を牽制した。

そして、ロシア製の高性能の対空ミサイルS400を購入することを決めたのである。NATO加盟国が配備する兵器システムは、NATOの規格に合うものでなければNATO軍としての一体運用ができなくなり、欧州の抑止力に悪影響を与える。また、トルコに対しては米国が最新鋭の戦闘機F35を売却することを決めていたことが、さらに問題を複雑化した。

というのは、もし、トルコがF35とロシア製の対空ミサイルを合わせて運用すれば、F35のレーダーに映りにくい、いわゆるステルス性能の情報がロシア製の対空ミサイルの追尾レーダーによって記録され、その情報がロシアに渡る危険性があるからである。

そのため、米国はF35の売却を保留し、S400の購入を見合わせるようトルコに求めているが、ロシアはこのＮＡＴＯ内部の軋轢に乗じてロシア製の戦闘機の購入をトルコに持ちかけ、事態をより一層複雑にさせている。

ただ、トルコはＮＡＴＯにとって極めて重要な同盟国である。トルコは黒海の入口に位置し、トルコのＮＡＴＯ軍は対岸のロシアを真正面から牽制できる。また、そこは欧州から中東への玄関口でもあり、トルコは中東への前線基地としての役割も果たしている。

まさに戦略的要衝のトルコが同盟に背を向けるような行動を取り始め、ロシアに接近しているのは、西側諸国全体にとって極めて深刻な問題である。

このようにＮＡＴＯ首脳会議では大きく分けて、中国の欧州進出への警戒とロシアの脅威、ＮＡＴＯの結束を乱す同盟国の単独行動の三点が話し合われたが、そのどれもが、二一世紀に入ってから顕著になった二つの国際政治の力学の変化によって引き起こされたものだ。

すなわち、

①米国が世界の警察官の役割を返上し、米国の利益のみを追求する米国第一主義を取り始めた結果、米国の国際的影響力が低下し始めたこと

②それによって世界各地にできた力の空白に中国とロシアによるユーラシア権力が介入していること

である。

つまり、米国の一極支配が徐々に衰退し、歴史がＧ－ｚｅｒｏと言われる無極の時代に向かって動き始めたことによって、西側の最大の同盟にきしみが生じているのである。各国は新しい時代を迎えるにあたって、それぞれの国益に見合った進むべき新たな方向を模索し始めている。

実は、こうした西側同盟の結束の乱れは欧州に留まるものではなく、大陸の東に位置する日本周辺の東アジアにも波及している。

最も顕著なのは、韓国の動向である。

現在の韓国の発展は、安全保障を米国が提供し、莫大な経済援助と豊富な技術支援を日本が提供したことにより実現したものである。それなのに、韓国は従軍慰安婦や徴用工問題といったすでに政府間で合意して解決した歴史問題を再び持ち出し、日本への非難をやめようとはしない。また、友好国であるはずの日本の自衛隊の偵察機に対して、韓国の海軍艦艇は戦闘体制を意味する火器管制レーダーの電波の照射をしたり、自衛艦が旭日旗を掲揚することに反対したり、ことあるごとに歴史問題を引っ張り出しては日本に対する敵対姿勢をむき出しにしてきた。

これでは日本政府の韓国への信頼が揺らぐのは当然であり、日本政府は韓国に対する戦略物資の輸出に関する優遇措置を撤廃し、通常の国と同じように対応することにした。すると、韓国は今度は自分が特別扱いしてもらえないことに憤激し、なんと日本との間で結ばれている軍事情報包括保護協定（GSOMIA）を破棄することを決定、経済とは次元の異なる安全保障と関連づけて報復してきたのである。

このため、それまで日韓の対立からは一歩距離を置いていた米国も業を煮やし、GSOMIAを破棄しないよう強い圧力を韓国にかけたのである。韓国は結局、米国の圧力に屈して、GSOMIAの破棄を延期することを決め、事実上、GSOMIA破棄の決定を撤回した。しかし、この韓国の一連の対応は、韓国が同盟の相手としてふさわしい国かどうか日米両国に問いかける結果を生んだ。

このような韓国の西側同盟に距離を置く姿勢は、現在の文在寅《ムン・ジェイン》政権になって始まったわけではない。朴槿恵《パク・クネ》前大統領は二〇一五年九月、西側の指導者としてただひとり中国の抗日戦争勝利記念行事に参加し、ロシアのプーチン大統領や中国の習近平国家主席と共に軍事パレードを参観した。

そのあとを引き継いだ文政権も日本や米国との連帯から距離を置く姿勢を一層強め、日米とはなんの相談もないまま、日本と米国との連帯を軍事同盟化しないことなどを中国と約束した。そして、二〇四五年までに朝鮮半島に新しい統一国家を築くことを宣言したのである。

これは明らかにＮＡＴＯにおけるトルコのように、西側同盟に背を向け、中国、ロシアのユーラシア権力に寄り添おうとする行動である。

まさに、ユーラシア権力の台頭と米国の求心力の低下によって、ユーラシアの西側と東側でこれまで安定を維持してきた力のバランスが崩れ始め、共振するように大陸の東西で地政学的な地殻変動が起きているのである。

同盟の再構築へ

この地殻変動に対応する処方箋は、ただ一つしかない。

これまでの米国を中心とした同盟の構造を再構築し、価値観や安全保障環境を共有できる国同士が新たな同盟関係を結び、同盟の多国間ネットワークを作り、米国との同盟を側面支援することである。その一つの試みが、前安倍政権が提唱して推進したインド太平洋構想であろう。具体的には、日本と英国、オーストラリア、インドなど、ユーラシア大陸を南側から包囲する同盟のネットワークの構築である。その実現の中核になるのが、日本とかつて同盟関係にあった英国との同盟の復活である。

英国は国際政治においては、国連安保理の常任理事国であり、五四カ国が加盟する英連邦の頂点に立つ。軍事的には核兵器の保有国であり、米国と並ぶ高度な軍事技術を保有している。また、情報の分野では強力な情報機関があり、世界的に影響力のある報道機関を抱えている。さらに、経済の分野では世界金融の中心地であるロンドンのシティーを抱え、国際石油資本を持ち、ロイズ保険機構に代表される国際的な保険料率の決定機能を持っている。

そして、前述したように英国はEUからの離脱後、新しい外交安全保障戦略の柱として日本との関係強化を求めている。このような英国と新たな同盟を結び、さらにそれをてこに欧州諸国との安全保障上の連携を深めることは、インド太平洋や世界の安定に資することは間違いなく、日本と英国にとって大きな国益となるだろう。

日本には東アジアの大国として、英国と連携し、共に米国を支えることによって、ユーラシア権力の台頭により崩れ始めた力のバランスを安定化させる責任がある。既存の秩序が崩壊した世界で繁栄を続けるには、同盟の相手を増やし、安全保障の傘を幾重にも拡げることはなによりも必要なことである。

第5章

軍事同盟からの決別

同盟とはなにか？

私は本書の中で繰り返し「日英同盟の復活」という表現を使ってきた。私は日々の活動の中で多くの国際問題の専門家たちと意見を交換する機会があるが、その中には「同盟」という言葉に疑問を呈する人が少なくない。特にアカデミア（学術関係）の人たちは、「日本の同盟国は米国だけなので、英国は準同盟ではありませんか」と質問する人たちが多い。

同盟に「正」同盟と「準」同盟があるのか。あるとすればどう違うのか。実は「同盟」の定義自体があいまいであり明確な定義がなく、国際政治の現場では状況によって適当に使い分けられているのが現実である。

この混乱は英国の専門家の間でも同様で、NATOだけが同盟であると考え、日本との関係を「Quasi-Alliance, Semi-Alliance（準同盟）」などと呼ぶ人がいる一方、新しい時代の同盟であるとして、新しい同盟「New Type of Alliance」と呼ぶ人もいる。

そこでまず、「同盟」とはなにかを整理して考える必要がある。小学館のデジタル版国語辞典『デジタル大辞泉』によると、同盟は「個人、団体などが、互いに共通の目的を達成するために同一の行動をすることを約束すること。また、それによって成立した関係」と説明し、労働組合の全国組織や政治結社などを例として挙げている。

しかし、国際関係に関する同盟は国家同士が安全保障で協力し合う関係のことであり、国語辞典の説明ではあまりにあいまいであり、説得力がない。それほど、「同盟」という概念は様々な分野で多目的に解釈され、広く用いられているのである。

国際政治の分野でも同盟の理論に関する研究は未開拓の分野であり、様々な考え方が併存している。しかし、大きく分けると、同盟をあくまで軍事力行使のための関係として限定的に捉える考え方と、軍事力の行使以外の安全保障協力もすべて含めた広範囲な協力関係として考えるべきだとする二つの考え方があるように思われる。

このうち、米国のノースカロライナ大学名誉教授のグレン・H・スナイダー（Glenn H. Snyder）は同盟について、「特定の状況のもとで、（同盟を）構成する国家以外の国家に対する軍事力の行使のための国家間の公式な関係」と述べて、同盟をあくまで共通の敵に対して軍事的に協力して立ち向かうためのものだと定義した。同盟を軍事力行使のための関係として、かなり狭く定義している。

しかし、東西冷戦後の国際社会は国際テロリズムの活発化や新興国の台頭、内戦の活発化、さらに発信源が不明なサイバー攻撃など脅威が多様化しており、軍事力行使だけが安全保障を実現する手段ではないことは明らかだ。

そのため近年、「同盟」をより広く解釈すべきとする意見が強まっており、米国の国際政治学者でハーバード大学教授のスティーヴン・M・ウォルト（Stephen M. Walt）は同盟について、「構成国のパワーや安全保障、影響力を強化することを狙った複数の国家間での安全保障協力のための取り決め」と定義し、同盟を軍事力行使に限定せず、安全保障のための様々な協力関係として、かなり広く定義した。

ただ、ウォルトの言うように安全保障協力をすべて包含して定義すると、例えば安全保障の対話機関である欧州安全保障協力機構（ＯＳＣＥ）や、ＡＳＥＡＮ地域フォーラム、上海協力機構などもすべて同盟として解釈する必要があり、それらの実際の活動や果たしている役割などを考えると、あまり現実的な解釈とは言えない。

おそらく解答は、前述したスナイダーとウォルトの考え方の中間にあるように思う。

確かにスナイダーのように、軍事力の行使によって共通の敵を排除する関係に限定して同盟を考えるのは時代遅れの感がある。現代は、平和と戦争の間のグレーな時代と言われる。サイバー攻撃や国際テロ、軍と民間の実力が混合したハイブリッド戦など、一見平和に見えながらも、熾烈な情報戦や心理戦が見えないところで繰り広げられている。軍事力が行使されなくても、戦争は行われていると言えなくもない。

また、軍事力行使の目的も多様化しており、自国の領域の防衛という古典的な目的よりも平和の維持や構築、対テロ掃討作戦、人道災害支援など様々な目的に軍事力が使われるようになった。兵器の開発も、コストの分散化のために多国間による共同開発が一般化し、生命線とも言える軍事技術の共有化が国家間で行われている。こうしたものはすべて同盟国同士だからこそ協力が可能になる。自国の領域を守るため、侵略者に共に軍事力で立ち向かわないからと言って、同盟関係にないとは言い切れない。

例えば、NATOはもともと旧ソビエトを中心とする東側諸国の侵攻を抑止し、実際に侵攻されれば西側の加盟国が一致団結して東側と戦闘を行うことが目的だった。しかし、東西冷戦の期間中、NATOは一発の弾丸も東側に対して発射することはなかったし、冷戦後に行った軍事力行使は領域の防衛のためではなく、平和の維持や構築のためだった。

また、作戦を行った場所もユーゴスラビアやリビア、アフガニスタンなど、NATOの本来の作戦領域外で行われ、しかも、その相手はセルビアであったり、リビアのカダフィー政権であったり、国際テログループであったりと、多岐にわたっていて侵略者ではない。

最近のNATOは本来のロシアの脅威に対処する傍ら、ハイブリッド戦やサイバー攻撃、宇宙空間での作戦、テロ対策などの分野に活動の重点を移しつつある。

つまり、NATOは軍事同盟としての看板は維持しつつも、実態は冷戦後の脅威の多様化や世界秩序の混乱に対応して、まったく新しい軍事組織として活動している。むしろ、包括的な安全保障協力のための国際機関と言ったほうがよく、NATOはもはや単なる軍事同盟ではなくなっている。

私はこのNATOが向かおうとしている方向が、現代の同盟のあり方を示唆していると思う。

つまり、軍事力の行使は同盟にとって必要なことだが、もはや同盟を構成する一部の機能にすぎない。安全保障に関わる様々な機能、例えば、インテリジェンス活動やサイバーセキュリティ、宇宙空間での活動、テロ対策、国際平和維持活動、国際的な人道・災害支援、海洋安全保障、防衛装備品の共同開発など、国家間の取り決めによって包括的に安全保障協力をする関係こそが現代の同盟ではないだろうか。もちろん、その中心には民主主義や自由・人権の擁護という共通の哲学・価値感を加盟国同士が共有することが必要である。

そして、こうした同盟は有事より、むしろ平和時に機能するという特色を持っていて、有事にだけ機能する古典的な軍事同盟とは大きく違う。前述したように、英国で最近しばしば使われる「New Type of Alliance」という表現は、この考え方を指摘したものである。

それでは、世界にある同盟の実態を簡単に比較してみたい。

世界史をひもとくと、古くは古代ギリシャ・ローマの時代から現代まで多くの同盟関係が作られ、消えていった。

古代ギリシャのスパルタ王によって結成されたペロポネソス同盟、中世はドイツ北部の都市同盟だったハンザ同盟、近代は第一次世界大戦前の三国協商や日本と英国で結んだ日英同盟、第二次世界大戦前の日独伊三国軍事同盟、冷戦時代の東側陣営を形成したワルシャワ条約機構、西側陣営のＮＡＴＯなど枚挙にいとまがない。

しかし、そのどれ一つ、まったく同じ内容のものはなく、その時々の国際情勢や時代の価値観を反映して異なった形の同盟が作られている。

それでは、現代の世界にある同盟について、以上の三点について簡単に比較してみたい。

①加盟国に課せられる防衛義務
②同盟が適用される地理的な対象の範囲
③対象となる脅威

まず、日米同盟だが、日米安全保障条約第五条で、日本の領域内で日米のいずれか一方に対する武力攻撃が行われた場合は、日米が共同して対処することを取り決めている。

しかし、これは日本の領域が攻撃を受けた場合、米国が日本を守ることを約束しているだけで、同じように米国の領域が攻撃を受けた場合、日本が米国を守ることは決められていない。

つまり、防衛義務は片務的であり、日本は国内に米軍施設を提供することによってこの片務性を解消しようとしている。

また、日米同盟が対象とする地域は冷戦時代は「極東」に限定され、旧ソビエトの日本に対する侵攻を抑止することを主な目的としていたが、冷戦後の一九九六年、日米安保の再定義が両国間で行われ、日米同盟はアジア太平洋全域の安定に資するためのものとして新しい性格付けが行われた。

そして、対象となる脅威は東西冷戦時代は事実上旧ソビエトに限定されたものだったが、冷戦後はテロや中国の海洋進出など脅威が多様化し、それらに柔軟に対処できるようになった。

米国と韓国の同盟は米韓相互防衛条約によって決められ、防衛義務は双務的で相互に課せられており、集団的自衛権の行使を前提とした同盟である。ただ、米韓同盟の

現代の同盟

	防衛義務	地理条件	脅威
日米同盟	片務的	特定せず（冷戦期は極東）	特定せず
米韓同盟	双務的	朝鮮半島	北朝鮮
NATO	双務的（努力義務）	特定せず（冷戦期は西欧）	特定せず
米・イスラエル	不明	不明	冷戦期：ソビエト？ 現代：テロ、イラン？
米・サウジアラビア	不明	不明	テロ組織、イラン？

適用の範囲は事実上、朝鮮半島とその周辺に限定されており、対象となる脅威も事実上、北朝鮮を意識した同盟である。

したがって、韓国の米軍基地は北朝鮮に対する前進基地であり、日本の米軍基地のようにアジア太平洋における米国の戦略拠点として位置付けられてはいない。

また、朝鮮半島から遠く離れた地域で、同盟に基づいて米軍が韓国軍と連携した活動を取るとは考えにくいし、北朝鮮以外の国や勢力が韓国を武力攻撃した場合、米国が集団的自衛権を発動して韓国の防衛にあたるのかどうかも不明である。

ＮＡＴＯは、欧米の先進国を中心に三〇カ国が加盟する多国間条約である。条約は日米安全保障条約と内容が似通っているが、第五条で加盟国の一または二カ国以上に対する武力攻撃は全加盟国への攻撃とみなすことを明確に宣言しており、集団的自衛権行使を前提とした相互防衛条約である。

しかし、条約の文言をよく検討すると、「一または二以上の締約国に対する武力攻撃を全締約国に対する攻撃とみなすことに同意する（shall be considered an attack against them)」と書かれていて、微妙に断定的な表現を避けている。これは第五条によって、全加盟国が否応なく戦争に巻き込まれるのではなく、集団的自衛権行使の最終的な判断はあくまでそれぞれの加盟国が行う余地を残したものだとする解釈が欧州では一般的である。

また、ＮＡＴＯは東西冷戦時代、西欧と地中海、北大西洋、北アメリカが活動の範囲だったが、冷戦後の一九九〇年代以降は、ユーゴスラビアやアフガニスタンなど本来の作戦領域を大きく越えて活動している。

現在では、加盟国の合意があれば理論的には世界中のどこでも活動することが可能な同盟である。特に最近では、サイバー空間や宇宙空間にも活動領域を広げようとしている。

そして、このような活動領域の拡大は結果として新たな脅威に対処する必要性を高めた。NATOは冷戦時代、旧ソビエトと東側陣営だけが脅威の対象だったが、冷戦後は従来のロシアに加え、テロ活動や地域紛争、サイバー攻撃、ハイブリッド戦など多様な脅威に対処する同盟に変貌している。

同盟の中で最も特異なのは、米国とイスラエル、米国とサウジアラビアの同盟である。アメリカとこの両国との関係は同盟関係と、しばしば言われる。実際、米国はこれらの国と同盟関係にあることを公式に認めているし、イスラエルもサウジアラビアも否定はしていない。

しかし、イスラエルともサウジアラビアとも、米国との同盟関係を規定した条約や協定、明文化された文書類は公式には存在していない。したがって、同盟の実態がどうなっているのかはまったく不明である。

例えばイスラエルの場合、米軍がイスラエルに駐留する権利や、イスラエルを防衛する義務があるのかないのか。あるとすればどの程度のものかわからないし、ましてや、イスラエルが米国の防衛のために貢献するのかどうかもわからない。

サウジアラビアの場合も同様である。ただ、公式な情報ではないものの、一九八〇年代まで、米軍はAWACS・空中警戒管制機をサウジアラビアの空軍基地に常駐させていたという非公式な情報は伝えられていたし、現実に一九九一年の湾岸戦争では米軍は大規模な兵力をサウジアラビアに展開させ、駐留させていた。サウジアラビアとは、なんらかの軍事基地の使用に関する秘密協定がかなり以前からあったのではないかとする観測もある。

ただ、米国がイスラエル・サウジアラビアと同盟を結んでいるとすれば、その目的や脅威の対象は容易に想像がつく。

イスラエルの場合、冷戦時代は旧ソビエト寄りだったアラブ諸国に対してイスラエルを利用して旧ソビエトを牽制することに主眼が置かれていたし、冷戦後はイスラエルに敵対するアラブ諸国とレバノンからシリア周辺の国際テロ組織を睨むことが目的だろう。

サウジアラビアの場合、冷戦の前も後も同様にイランを牽制することだろう。イランはイスラム過激派による国際テロを支援し、湾岸での覇権を狙っており、湾岸の大国サウジアラビアにとって最大の脅威である。また、アラビア半島に巣くう国際テロ組織と対峙することも同盟の目的であろう。

いずれにしても、米国のこの両国との同盟に関する情報は一切不明であり、はっきりしているのは、米国が両国とは明確に同盟国として接している事実である。

このように、現代の国際社会の同盟関係を見ても、それぞれの地域事情に合わせてその内容は多彩であり、一貫性を見つけるのは難しい。

つまり、日米同盟が同盟の典型でもなければ、ＮＡＴＯが同盟の典型でもない。これが同盟の本来の姿であるというような模範例などどこにも存在せず、それぞれの国家がその置かれた戦略環境に最もふさわしい形で外国と緊密な安全保障の協力関係を築き上げれば、それがその国にとっての同盟になるのである。

したがって、同盟のあり方を規範化したり、正同盟とか準同盟などと類型化することは研究者の議論としてはおもしろいかもしれないが、国際政治の現場ではほとんど意味のないことである。

ネットワーク型の同盟へ

同盟を考える上で興味深いのは、現代の同盟関係がこれまでの二国間の同盟関係や多国間の同盟関係から、ネットワーク型の有志連合（コアリション）の関係へと少しずつ変化し始めていることである。

欧州ではロシアの脅威は依然として存在するものの、テロ攻撃やハイブリッド戦などがより深刻な脅威になりつつある。

それに対して、日本を中心にしたアジア太平洋地域は、まだ二〇世紀に多く見られた自国の領土を外国の侵略から防衛するという領土防衛が主流である。そのため、この地域では東西冷戦時代から現代に至るまで、存在する同盟のシステムは非常に単純であり、硬直化したものになっている。

それは米国を中心に、複数の国が個別に同盟関係を結んでいるという状態であり、具体的には米国と日本、米国と韓国、米国とフィリピン、米国とタイ、米国とオーストラリアの同盟である。その関係は、自転車のタイヤの中心、ハブと、スポークの形に例えて、「ハブ・アンド・スポーク」の同盟と呼ばれている。つまり、米国が常にハブであり、スポークがその相手国にあたる。

これに対して、欧州のNATOのような複数の国が互いに同盟を結び、多国間で協力し合う関係を、「ネットワーク型の同盟」と呼ぶ。

日米同盟は、前述したように「ハブ・アンド・スポーク」の同盟関係である。「ハブ・アンド・スポーク」同盟の最大の問題は、協力し合う相手が常に一国しかなく、国同士の利害が一致しないと機能不全に陥り、お互いがお互いを利用し合うという同盟の本来の目的が達成できなくなるということだ。

また、同盟を作る二国間の力のバランスに大きな差があると、弱い側が常に強い側

ハブ・スポーク同盟

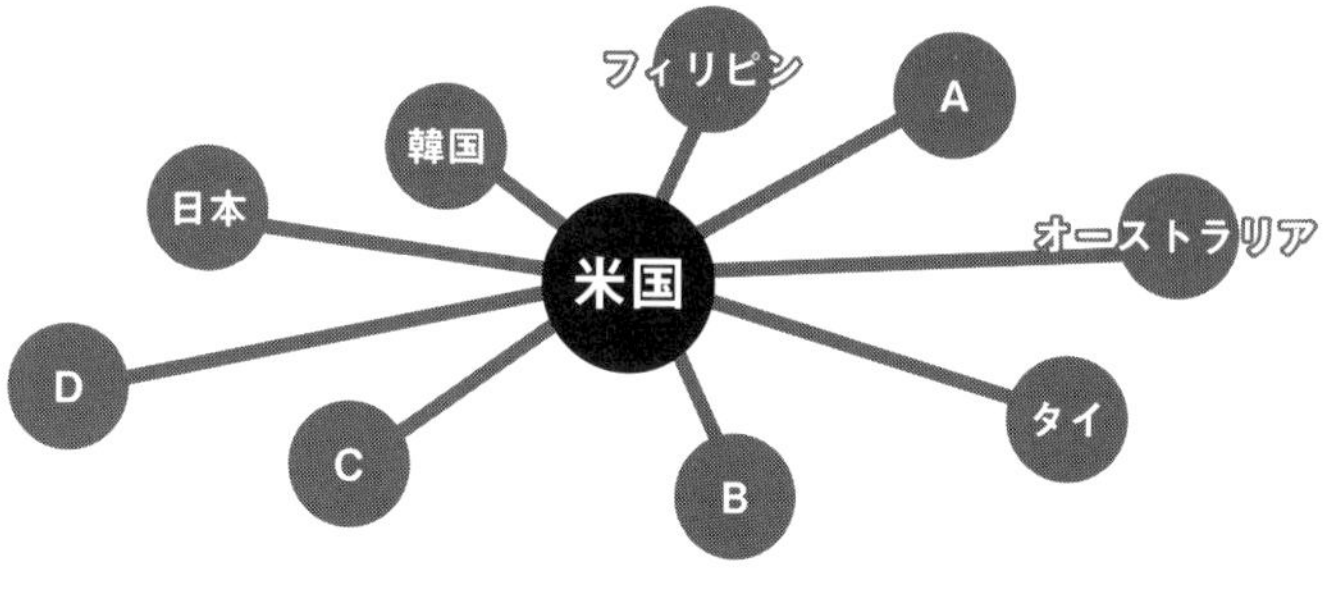

現代のネットワーク同盟（参考：情報処理学会研究報告）

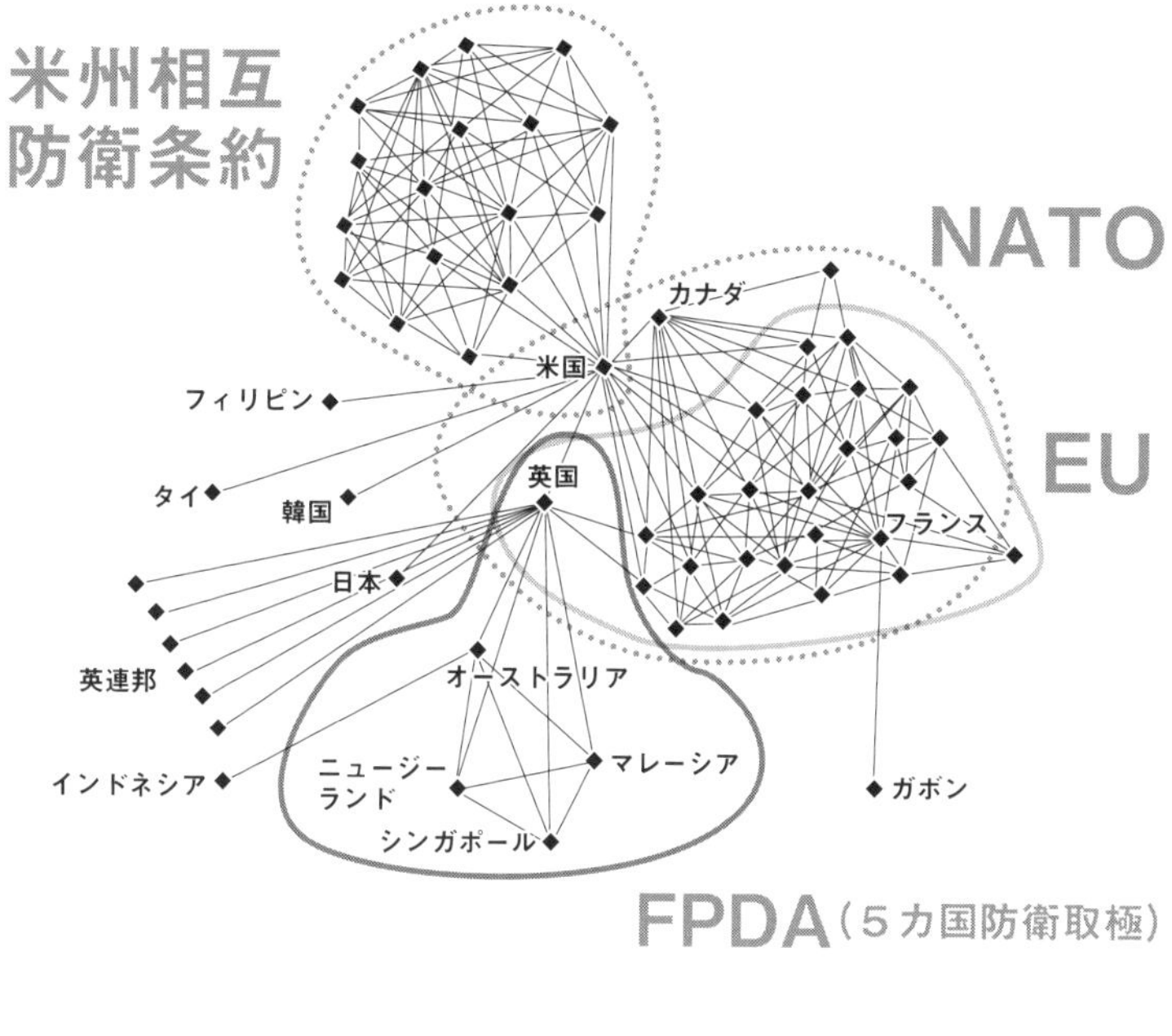

に寄り添う追従主義に陥りがちであり、経済問題などほかの二国間の問題についても、対等な立場で接するのが難しくなる。ハブの米国の影響力が徐々に低下しつつある現代においては、米国の力の低下がそのまま同盟の力の低下につながってしまう。

そのため、二〇〇〇年代の後半から、ハブ（米国）の力の低下を補完するために、ハブとスポーク（相手国）の関係を基本にしながら、一方でスポークの国同士が相互に協力し合い、ネットワークのように安全保障の協力関係を張り巡らそうとする試みが進んでいる。

例えば、日本は安倍前政権の時代から、首相や外相、政府の高官がしばしば東南アジア諸国やモンゴル、オーストラリア、インドなど南アジア諸国、さらに欧州諸国を訪れ、安全保障の協力関係を深めようとしてきた。その結実がインド太平洋戦略である。

最近、日本政府は特定の国を刺激するのを避けるためか「戦略」ではなく、「構想」という言葉を好んで使っているが、実体は戦略そのものである。それは、日米同盟を大きな軸にして、その軸から大きな傘を広げるようにオーストラリアやインド、東南アジア諸国、さらには英国やフランスなど欧州諸国と安全保障の協力関係を結び、同盟のネットワークを構築しようとする試みである。

すでに、日本の自衛隊は協力関係を目に見える形にするためにオーストラリア、インド、英国などと定期的に共同の軍事演習を実施し、軍隊同士の交流を活発化させていて、あるときは二国間、あるときは多国間で演習を重ねてきている。米国も従来から実施していたタイ、フィリピン、オーストラリアなどとの軍事演習を統合して、多国間演習を行うようになった。

ただ、こうした軍事演習は特定の国への威嚇や戦争の準備のためにしているのではない。国連の平和維持活動や大地震など大規模災害に対する緊急援助活動なども含め、各国の軍隊が共同して対処しなくてはならない事態を想定して行っているものだ。

もちろん、軍事力を行使しなくてはならないような国際危機を意識していないと言えばうそになろうが、それだけが目的ではない。協力関係にある国の軍隊同士は常に共同で作戦を行う能力、いわゆる軍隊の相互運用性（インターオペラビリティー）を高めておく必要があり、それこそが、スポークの国同士の安全保障協力に欠かせないものだからである。

ただ、一口に軍隊が協力し合うと言っても、高度な技術集団である軍隊が協力し合うには、様々な技術的、法的な問題を克服しなくてはならない。

例えば、軍隊が行動する際の指揮命令系統を整合させ、Ｃ４ＩＳＲと呼ばれる軍事情報の取得手段もある程度共有できる体制を作らなくてはならない。法的には相手国とACSAを結び、同盟国の軍隊同士が物資や役務をお互いに提供できる体制を作らなくてはならないし、GSOMIAを結んで、軍事機密の交換ができるようにして、軍隊同士が円滑に協力し合える体制を作る必要がある。

同盟関係はこのようにして作られるのであって、単に価値や利害を共有する国同士が交流を深めて仲よくすればできあがるというものではない。同盟は、法的な基盤の整備や情報や技術の共有があって初めて機能するものであり、その実現にはそれなりの時間とコストがかかる。

ちなみに、NATOの場合、加盟している三〇カ国の軍隊は共通の指揮命令、通信系統を使用し、装備品の規格では銃弾の口径まで共通のものを使用して、軍隊同士がお互いに物資を融通できる体制を整えている。

ただ、アジア太平洋諸国の場合、同盟関係を考える以前の問題も多い。欧州とは違って、経済力や技術力、外交力、情報収集力が国によってかなりのばらつきがあり、また、宗教や民族の違い、過去の歴史問題などもからんで、各国の関係は一様ではない。

さらに、同盟関係を作るには、各国は軍事力を増強し、国防費を増やさなくてはならないが、日本の場合、防衛費の上限や集団的自衛権の行使という問題を常に抱えるため、新たな同盟関係の構築はたやすいものではない。

例えば、ＡＳＥＡＮには、一九九四年からＡＳＥＡＮ地域フォーラム（ＡＲＦ）を設置して、東南アジア地域の安全保障問題を協議する場として活用しているが、結局、対話の場でしかなく、安全保障のための組織として機能していない。このことは同盟を構築しようとするなら、ある程度の国力と共通の価値観、軍事力を持った国家同士の結びつきが必要であることを示している。

コアリション（有志連合）へ

また、二一世紀の同盟はお互いに価値と利益を共有する国同士が、半ば強制的にではなく、自発的に協力し合うスタイルに変貌してきている。

冷戦時代のＮＡＴＯや米韓同盟は古典的な軍事同盟であり、これを英語でアライアンス（alliance）と言う。この同盟には有事の際、同盟国は否応なしに、強制的に介入しなくてはならないトリップワイヤー（tripwire）と呼ばれる仕組みが組み込まれてきた。

トリップワイヤーとは古い軍事用語で、地面に近い場所に敵が侵入してきたときの罠としてワイヤーをはり、それに敵がひっかかるとワイヤーに接続した地雷などが爆

アライアンスからコアリションへ

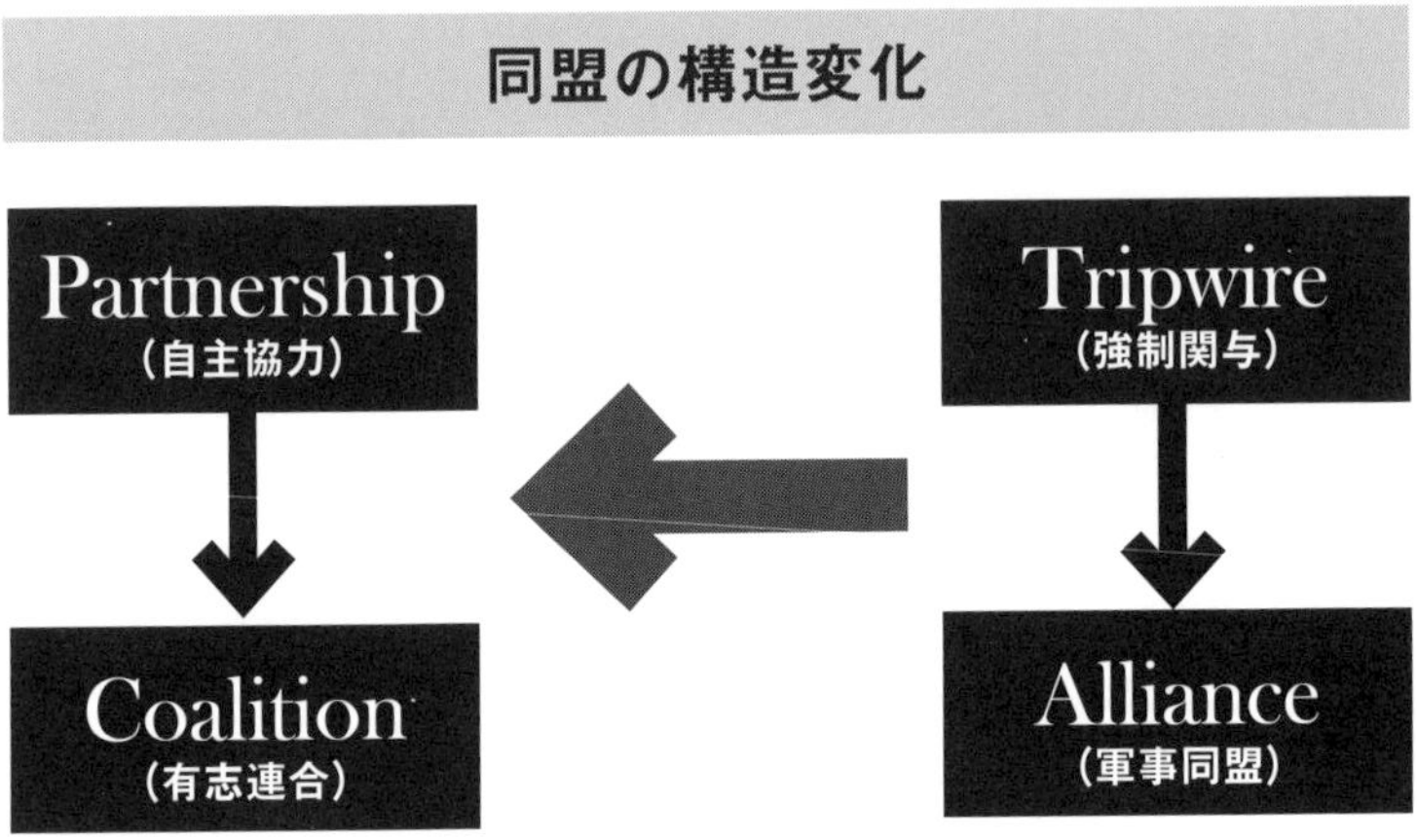

発する仕掛けのことを言う。

この言葉にならって、前線に同盟国の小規模の軍隊を配置し、敵が侵攻してくれば同盟国が自動的に介入する軍事的な仕組みを指して、この用語がしばしば使われる。

例えば、東西冷戦時代、当時の西ドイツの最前線に、NATO加盟国の英国や米国、さらにその後方にフランスの軍隊が配置され、東側諸国が侵攻してきた際は、ドイツを防衛するために、これらの同盟国が自動的に参戦する仕組みになっていた。また、韓国では北朝鮮との軍事境界線沿いに米軍が配置され、北朝鮮が侵攻してくれば、真っ先に米軍と衝突する体制が敷かれていた。こうした同盟国の参戦を確実にするための仕組みを、トリップワイヤーと言う。

しかし、トリップワイヤーは、敵の侵攻の意図が明白な場合には有効だが、果たして敵が侵攻してくるのかどうか、意図が不明確な場合は極めて効率が悪い。なぜなら、前線に配置された同盟国の軍隊は二四時間三六五日、緊張したまま前線に張り付いていなくてはならず、他の任務にあたることができない。この状態が短期間ならいいが、先の見えない長期的な展開になるとあまりに費用対効果が悪い。

また、航空機など高速の輸送手段が発達した現代では、有事の際には、後方から短時間で大規模な軍隊を前線に展開できるので、前線に精鋭部隊を四六時中張り付けておく軍事的意味はない。さらに、現代戦では敵も高速で移動して、いきなり後方を攻撃してくることがあるので、前線、後方が区別しにくく、トリップワイヤーは時代遅れの仕組みである。

そして、同盟国にとっては軍事介入をするか否か、政治指導部が判断する余地がないので、シビリアンコントロールという面からも問題がある。したがって、トリップワイヤーを前提としたアライアンス自体がすでに過去のものになりつつある。

そこで、二〇〇〇年代に入ってから、危機に応じて、コアリションという即製の同盟を作って行動を起こすやり方が一般化してきた。

これは、国際危機の際、国連や既存の安全保障組織が、常に参加国の合議でしか決定を行うことができず、結局、国益を十分に反映した行動が取れないことから、米国や一部の欧州諸国が、既存の国際機関を飛び越えて、共通の意思と能力のある国家だけが自発的に臨時の同盟を作り、事態に対処する方法である。

例えば、一九九一年の湾岸戦争、二〇〇一年のアフガニスタン紛争への介入、二〇〇三年のイラクへの介入では既存の同盟ではなく、米国を中心にコアリションが結成され、参加した各国が共同して軍事行動を行った。

最近では米国が軍事行動に出る場合は単独ではなく、コアリション方式が一般化している。コアリション方式では、複数の国家、特に米国と欧州諸国、日本やオーストラリアなどいわゆる西側諸国が、自由な意志に基づくパートナーとして参加することができる。

つまり、アライアンスの同盟が呪縛のようなトリップワイヤーによって支えられているのとは対照的に、コアリションの同盟は友好関係に根ざしたパートナーシップによって支えられている。もちろん、コアリションの同盟に参加する国が少なければ、その行動は国際社会の利益を広く反映しているとは言えないが、少なくとも、参加した同盟国の国益は色濃く反映させることができる。

また、同盟内で行動を決めるとき、決定に最後まで反対する参加国はほとんどないので、コアリションの同盟では意志の決定と行動が迅速に行える。議論にだけ時間を費やして、結局何もできないという国連のようなことにはならない。

さらに、行動を続けながら、パートナー国を状況に応じて、増やしたり減らしたりすることも可能であり、目的を達成した後は迅速に同盟を解消できるので、平和時にコストをかけ続ける必要もない。

そして、各国が提供する人員の構成を変えれば、通常の軍事侵攻から国際テロ、サイバー攻撃、宇宙空間での活動まで、現代の多種多様な脅威に対応できる柔軟性も備えている。

このように、コアリションの同盟は国際社会の完全な意志の反映という点では疑問符が付くが、二一世紀の新しい同盟のスタイルとして一般化しつつある。

新・日英同盟とインド太平洋同盟

以上のように考えると、新・日英同盟の姿が見えてくる。

結論から先に言うと、それは軍事的な協力を含む安全保障のあらゆる分野で協力し合う包括的な安全保障協力同盟でなくてはならず、有事よりもむしろ平和時に機能するものでなくてはならない。

そして、その新・日英同盟を日米同盟、英米同盟に接続させ、さらにオーストラリアやインド、欧州のフランスなども参加して、民主主義の海洋国家が連帯したネットワーク型のコアリション同盟に発展させていかなくてはならない。そうなれば、それは将来、日英、そして米国を軸にした緩やかなコアリション同盟、インド太平洋同盟に変貌していくだろう。ユーラシアの安定に貢献し、インド太平洋同盟の牽引役を果たすことが新・日英同盟の真の目的なのである。

前述したように、現代はロシアと中国が連帯したユーラシア権力（内陸国家連合）と、欧米の自由主義の国家群（海洋国家連合）とが対峙する厳しい時代を迎えようとしている。国家と国家が一対一で対峙した時代は過ぎ去り、国家連合と国家連合が対峙する時代になりつつある。

インド太平洋戦略はまさにその時代に対応するためのものでなければならず、模索しながらも、新たな同盟の構築に向けた作業が始まっている。このことを考えるとき、まず、念頭に置かなくてはならないのは、同盟など安全保障上の国際的な枠組みは必ず特定の国の脅威が前提になっているということだ。

しかし、それを公式に表明することは必ずしも必要ない。通常は「特定の国に向けたものではない」として、対話のための枠組みという体裁を取りながら運営されている。枠組みに参加した国同士で軍事演習を実施することがあっても、必ず「特定の国に向けたものではない」という説明が公式に行われる。

とはいえ、脅威の対象となる国家や特定の存在があるからこそ、安全保障の枠組みは作られ、軍事演習を実施するのである。だから「特定の国に向けたものではない」という説明はいたずらに波風を立てないようにするための方便でしかない。特定の国、つまり中国やロシアもそのことは十分に承知しているから、彼らは外交と軍事の両面でこれを牽制するというのがお定まりのパターンとなっている。

そうした動きの一つに、日本、米国、オーストラリア、インドが連携したクアッドがある。

これは日本が主導して進めてきた国際秩序、インド太平洋戦略を具体化するための取り組みであり、中国の脅威に直接対峙しているインド太平洋の四カ国が安全保障上の協力関係を深めることを目的としている。将来はこの四カ国を軸にメンバー国を東南アジア諸国、そして、欧州、とりわけ英国に拡大していくことになろう。

実際、英国はクアッドへの参加を前向きに検討している。近い将来、英国がクアッドに参加すれば、クアッドの枠組みに米英という強い同盟が加わることになり、日米同盟と連携して、日英米という中核が完成することになる。

また、オーストラリアやインドは英連邦の加盟国でもあり、英国との絆が強い。つ

対中国政策転換を発表する米国のポンペオ国務長官（当時）（提供：時事通信フォト）

まり、クアッドに英国が参加すれば、日米英プラス英連邦という図式が整う。民主主義を標榜する海洋国家連合のベースがついに完成することになる。

このクアッドをインド太平洋の新しいネットワーク型のコアリション同盟に発展させようとしているのは米国である。

米国のマイク・ポンペオ国務長官（当時）は二〇二〇年七月、米国の対中国政策について次のように述べた。

「（中国共産党の）習近平総書記は、全体主義のイデオロギーの真の信奉者である。このイデオロギーこそ、中国共産主義による世界覇権の野望を象徴している。我々は、両国間の根本的なイデオロギーの違いをもはや無視できない。世界の自由国家は、創造的で断固とした方法で中国共産党の態度を変えなくてはならない。

自由主義諸国が行動するときがきた。今はまだ我々と共に立ち上がる勇気がない国があるのも事実だ。あるＮＡＴＯの同盟国は、中国政府が市場へのアクセスを制限することを恐れて香港の自由のために立ち上がらない。しかし、今、行動しなければ、中国共産党はいずれ我々の自由を侵食し、自由社会が築いてきた規則に基づいた秩序を転覆させるだろう。

ただ、一国でこの問題に対処することはできない。私たちの経済、外交、軍事の力を結集して、この脅威に対処すべきだろう。志を同じくする国々が民主主義の新たな同盟を構築するときがきた。自由世界が中国を変えなければ、中国が我々を変えることになるだろう」

ポンペオ国務長官はこのように述べて、米国の歴代の政権が取り組んで来た関与政策、つまり中国を経済的に支援して、中国の民主化を促すというやり方を根本的に改める方針を明らかにした。

こうして米国が中国との対決姿勢を鮮明にする中で二〇二〇年一〇月、クアッドの

2020年10月に日本で行われた日米豪印外相会談。米豪印外相による表敬を受ける菅首相（提供：時事通信フォト）

二回目の外相会合が東京で開催された。

会合には日本の茂木敏充外務大臣のほか、米国のマイク・ポンペオ国務長官、オーストラリアのマリズ・ペイン外相、インドのスブラマニヤム・ジャイシャンカル外相が出席した。

この中で米国は「四カ国は南シナ海、東シナ海、ヒマラヤ地域（中印国境）、台湾海峡を、中国共産党の腐敗や搾取、威圧から守るため連携することが重要だ」として、共同で中国と対峙するよう呼びかけた。

日本など他の諸国は中国を名指しして非難することはしなかったものの、自由で開かれたインド太平洋を実現するため、クアッドに価値観を共有する

インド太平洋地域

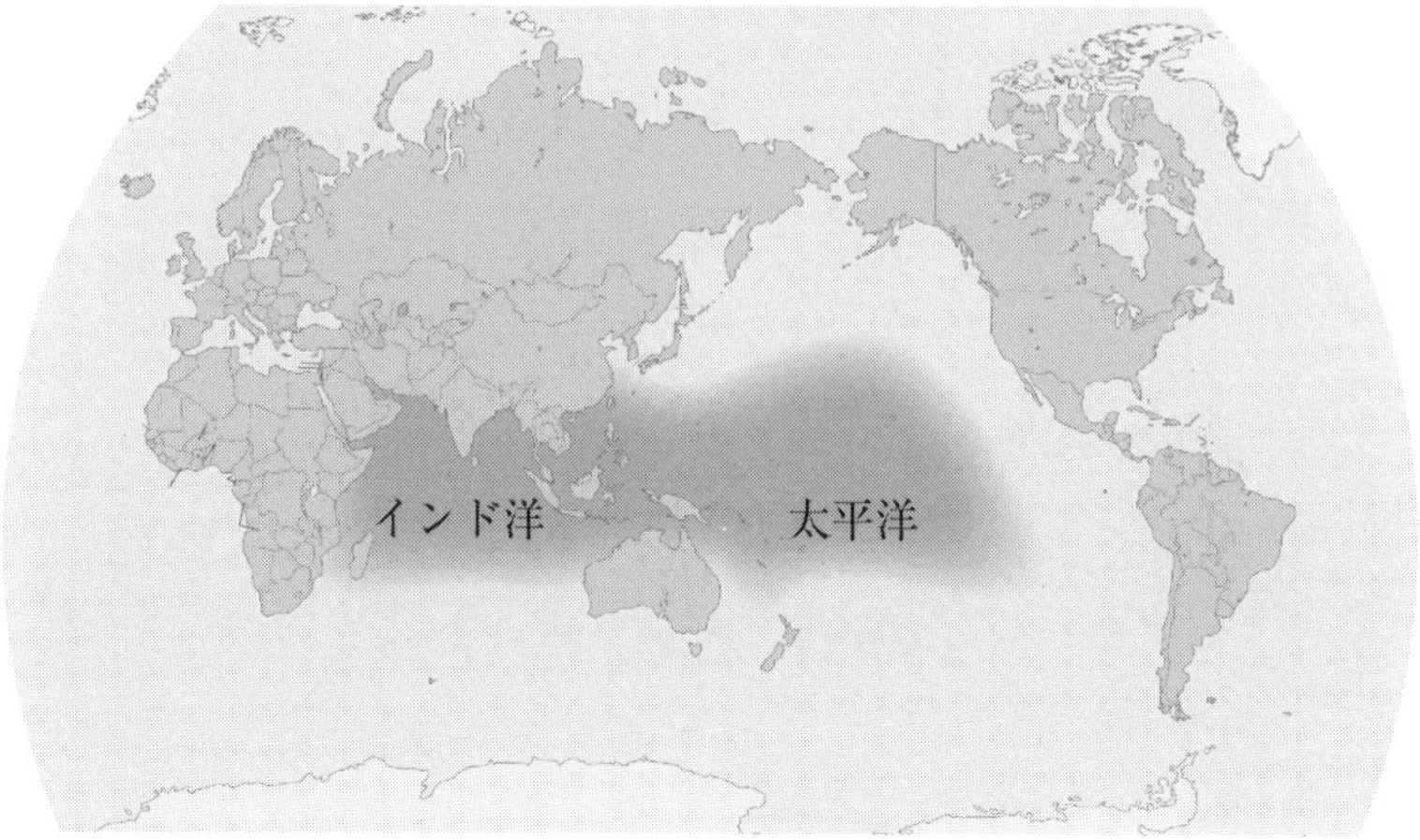

多くの国が参加することが重要だとする見解で一致した。

このほか、クアッドを定例化し、次の会合を来年開催すること、海洋安全保障、サイバーセキュリティ、テロ対策、人道・災害支援などの分野で協力を深めること、保健・衛生分野やデジタル経済分野で新たな国際ルールを作ることなどで合意した。また、北朝鮮、東シナ海、南シナ海の情勢についても意見を交換した。

このように公表された会合の中味を見るだけだと、四カ国がただ「一緒にやろう」と漠然と合意しただけで、具体的な成果に乏しい会合だったようにも思えるが、今の段階で重要なことは、中国の脅威に直面している国が安全保障協力へ向けて多国間の連携を始めたということである。

会議では、米国のように中国との対決姿勢は示さなかったものの、日本は南西諸島方面で中国の脅威に直面しているし、オーストラリアは新型コロナウイルスの発生源をめぐる国際調査を要求したことがきっかけで中国から制裁を受け、対立が決定的になったし、インドは現実に国境地帯で中国軍と小規模な衝突を繰り返している。

つまり、クアッドの参加国は皆、中国の威圧的行動によって被害を受けている国である。それらの国がクアッドで集結して、諸外国に参加を呼びかける行動を始めたことは、同盟構築の第一段階として高く評価することができよう。

これに対して、中国外務省報道官は「いかなる多国間協力も、第三国に向けたり、その利益に損害を与えたりするものであってはならない」と述べ、クアッドに警戒心を表明した。クアッドの目的は、中国側にも十分理解されているようである。

こうした中で、英国の空母「クイーン・エリザベス」の攻撃部隊が二〇二一年春以降、初めてアジアに展開し、南シナ海を中心に活動を開始する予定である。この活動によって英国は、アジアでの航行の自由やルールを基にした国際秩序の構築に関与していく方針を、メッセージとしてインド太平洋全域に向けて発信することになる。そして、そのメッセージの発信相手が中国であることは明らかである。

当然ながら、英国はインド太平洋の新たな枠組みになりうるクアッドへの参加も検討しているが、実際に軍隊を展開させるわけだから、さらにその先を行っていると見ることもできる。インド太平洋への関与こそグローバルブリテンの要の方針であり、日英同盟の構築はそのための重要なプロセスなのである。

このように、日本が主導して進めている日米豪印という海洋国家の連携、通称クアッドは新たな日英同盟と連動するものであり、日英同盟に息を吹き込むものになるだろう。

欧州の熱い視線

インド太平洋地域は現在、世界のＧＤＰのおよそ四〇パーセントを占めており、将来、その比率は六〇パーセント、世界人口の六五パーセントがこの地域に集中することが予想されている。

それはこの地域が今後、世界の貿易や投資の要衝となることを意味しており、この地域の安定を維持することはアジア諸国だけではなく、欧米諸国にとっても死活的に重要な課題になりつつある。そして、この地域の国家は海によって結ばれている。そのために、この地域の海洋交通路、いわゆるシーレーンはどの国にも等しく開放され、自由にアクセスすることが認められなくてはならない。特定の国がここで覇権を確立したり、利権を独占するようなことはあってはならないのである。

日本が提唱し、クアッドが推進している「自由で開かれたインド太平洋」という戦略はまさにそのためのものである。したがって、EU離脱後の英国がこの地域に関心を寄せるのは当然であり、他の欧州諸国もこぞってインド太平洋を指向しようとしている。

英国に次いで関心を寄せているのは、フランスである。フランスは海外のインド太平洋の領土として、インド洋にマイヨット島、ラ・レユニオン島、エパルス諸島、フランス領南方南極地域、南太平洋にニューカレドニア、ワリス・エ・フトゥナ、フランス領ポリネシア、クリッパートンをそれぞれ所有し、それらによる排他的経済水域（EEZ）は九〇〇万平方キロに及び、一五〇万人の市民が生活している。

つまり、フランスにとっては経済的な権益だけではなく、自国の領有地の安全を確保するためにもインド太平洋の安定は必要なことである。そのため、フランスは二〇一九年、「インド太平洋防衛政策」を発表した。フロランス・パルリ国防相によれば、フランスはこの地域での優先事項として、次の五項目を明らかにした。
①この地域のフランスの主権、国民、領土、EEZを守る。

②軍事安全保障上の協力によって、地域の安定に関与する。インドとオーストラリアはこの地域のパートナーである。ＡＳＥＡＮとの協力も深める。
③パートナー国と共に、自由で開かれたシーレーンへのアクセスを確保する。
④多国間の行動に参加してこの地域を戦略的に安定させる。
⑤気候変動の問題に取り組む。

パルリ国防相は、「インド太平洋では軍事的能力がこれまでになく高まっており、武力を実際に行使することなく威嚇することが可能になっている」と述べ、これらの五つの優先事項に積極的に取り組むことを表明した。そして、南シナ海で米国などが実施している航行の自由作戦を支持するため、フランスも毎年二回以上、現地に艦艇を派遣することを明らかにした。

事実、フランスは二〇一四年から、海軍の艦艇を定期的に南シナ海に派遣しているし、二〇一八年には英国海軍と合同で航行の自由作戦を実施した。また、二〇一九年にはインド洋でインド海軍と大規模な合同演習を実施し、インドネシアの沖合、ベンガル湾では日本、オーストラリア、米国と四カ国の合同演習を行った。

このフランスの行動は、現在のマクロン政権がオランド前政権の中国寄りの政策を修正しようとしていることを示すものだ。

すでに日本とは、自衛隊とフランス軍が物資や役務の提供を互いに受けられるようにするためのＡＣＳＡを締結しているほか、インドとは海軍基地の相互利用を定めた協定を結んだ。また、オーストラリアとは新型潜水艦を共同開発するなど、フランス、インド、オーストラリアとの安全保障上の関係を急速に深めている。まさに日本が進めていることとよく似た協力関係を、この地域で築こうとしている。

このように、フランスは英国と歩調を合わせるようにインド太平洋地域での軍事的なプレゼンスを強化し、インド太平洋地域で人権、民主主義、ルールに基づく国際秩序という価値を守ろうとしているのだ。言うまでもなく、中国の活動を牽制することが目的である。

注目されるのは、Ｇ７のメンバー国で中国と「蜜月の関係」とまで言われたドイツが最近になって、インド太平洋に少しずつ舵を切り始めたことだ。ドイツのメルケル首相は長く中国びいきと揶揄されてきた。二〇一九年までにすでに一二回も中国を訪問したのに、Ｇ７のメンバーである日本を訪問したことはあまりなく、二〇〇八年から一五年来日までの七年間、日本へはやってこなかった。

ところが、中国が二〇一五年頃から一帯一路構想を掲げて、東欧や南欧との結びつきを深め、経済面だけでなく政治面にまで中国の影響が及び始めると、ドイツは敏感に反応した。閣僚を日本に派遣することが多くなり、ドイツ外務省の組織を見直して、日本と中国を担当する部署を分離した。

そうした中で、フランスがインド太平洋防衛政策を発表したのだ。ドイツはフランスの行動にも影響を受けた。

そして、二〇二〇年に入ると、新型コロナウイルスが欧州に蔓延した。大勢の死者が出ているのに、そのウイルスの発生源である中国は道義的責任すら認めようとせず、それどころか中国を批判する国々に対して貿易制裁や医療物資の提供の取りやめをちらつかせるなど、高圧的な外交姿勢を取ったこともドイツの中国への不信を加速させた。

そして、ドイツ政府は二〇二〇年九月、「ドイツ・欧州・アジア：二一世紀を共に形作る」と題した「インド太平洋ガイドライン」を閣議で決定した。日米が主導し、英国やフランスも参加に意欲を示すインド太平洋戦略にドイツが初めて関心を示したのだ。

ドイツはこのガイドラインの中で「インド太平洋地域の国際秩序の形成に積極的に貢献する」と述べ、その理由について、「この地域での地政学的な権力構造の変化がドイツに直接影響を及ぼしている」と説明している。

ドイツのハイコ・マース外相はガイドライン発表の際の記者会見の中で、まずインド太平洋について「国際秩序の形が決まる場所であり、強者の法に基づくのではなく、ルールと国際協力に基づかなくてはならない」と述べ、暗に中国を批判した。
そして、「インド太平洋地域はドイツの外交政策の優先事項である。インド太平洋という重要な地域との関係を強化し、多国間主義、気候変動の緩和、人権、ルールに基づく自由貿易、コネクティビティ、デジタル交易、特に安全保障分野での協力を拡大する」と述べ、安全保障を中心に広い分野でインド太平洋への関与を進めていくことを表明した。

安全保障に特化した英国やフランスの姿勢に比較すると、ドイツは経済、文化面を含めた包括的なアプローチを強調している点が特徴的だ。冷戦時代、長期間にわたってロシアと最前線で対峙してきた経験を持ついかにもドイツらしい、したたかなバランス感覚をうかがわせている。おそらく、中国びいきというマイナスのイメージを払拭し、中国も含めたアジア地域全域とバランスよく外交を進めていきたいという思惑があるのだろう。

ただ、地政学的に内陸国家であるドイツが、海洋国家の集まりであるインド太平洋に関心を持つこと自体が異例であり、政治的にも経済的にも、インド太平洋地域の重要度が増していることにドイツも無関心ではいられなくなったのである。

このような英国、フランス、ドイツという欧州の指導的立場にある国家がそれぞれ別の思惑があるにせよ次々とインド太平洋戦略への関心を寄せていることは、今後、インド太平洋への傾斜が欧州のメインストリームになっていくことを予感させる。すでに、オランダやイタリア、EUも強い関心を持っていると言われている。

特に中国の一帯一路構想に参加したイタリアのヴィンチェンツォ・アメンドラ欧州問題担当相は二〇二〇年一一月、メディアのインタビューに対して「（イタリア）が中国と一帯一路構想の協定を結んだことは過ちだった。習近平の中国はもはや過去の中国とは違う。EU加盟国は長い間、中国との互恵関係を築くことに失敗してきた」と述べ、中国が一帯一路構想を利用して欧州に覇権を拡大していることを痛烈に批判した。

イタリアは二〇一九年三月、G7のメンバー国としては初めて中国の一帯一路構想に参加し、北部のジェノバ、トリエステ港を中国に開放した。それを受けて、中国はイタリアの港湾に多額の投資を行い、二〇二〇年春の時点で四〇万人の中国人がイタリアを訪れたという。イタリアはまさに中国の欧州進出の玄関口となったのだが、皮肉なことにそれが武漢発の新型コロナウイルスの感染経路にもなってしまった。

新型コロナウイルスの感染はイタリアからEU全域にまたたくまに拡大し、欧州を席巻した。ところが中国はその道義的責任すら認めようとはせず、逆に中国を批判する国に対して、高圧的な姿勢で制裁を課したりしている。アメンドラ欧州問題担当相の発言は、ウイルスの蔓延で大きな被害を受けたイタリア国民の気持ちを代弁しているようにも聞こえる。

ややや、話の焦点が日英同盟からそれてしまったが、今、なぜ日英同盟なのか。日英同盟の果たす役割はなにかと考える上で必要なインド太平洋をめぐる情勢や欧州の思惑について詳しく述べてきた。つまり、新たに生まれ出ようとしている新・日英同盟には次のような特性があるということだ。

①日英同盟は単独で成立し、機能するものではない。日本と英国の重要な戦略的パートナーである米国との関係を並行して深めることによって、初めて成立するものである。それはいずれ、事実上の日英米の三国同盟に発展することになる。

②日英同盟は、インド太平洋地域の安定に貢献する。そのためには、英国が重視するこの地域の英連邦の加盟国、特にオーストラリア、インドとの連携は不可欠であり、さらに同じ英連邦に加盟するシンガポールやマレーシア、ニュージーランドとの連携も視野に入れる必要がある。つまり、日本と英国、それに英連邦の国家群との連携である。

③日英同盟はそのままインド太平洋戦略に接続され、日米豪印の連携を目指すクアッドを支援し、クアッドの加盟国拡大に関与する必要がある。つまり、英国、フラン

ス、欧州諸国、東南アジア諸国のクアッドへの参加を促すものでなくてはならない。

④日英同盟は、欧州の友好国をインド太平洋へ引き入れる役割を果たす。すなわち、フランス、ドイツ、イタリア、さらにEUやNATOであり、こうした国々や機関との連携を深めることによって、日英同盟は将来のインド太平洋同盟の礎になる。

⑤日英同盟は、古典的な軍事同盟ではない。もちろん、軍事的な機能も有してはいるが、むしろ、サイバーセキュリティ、テロ対策、国土安全保障、海洋安全保障、人道・災害支援、インテリジェンス協力、防衛装備協力、ハイブリッド戦対応、気候安全保障など、各国が抱える様々な安全保障問題について協力し合う「包括的安全保障協力同盟」である。そのため、軍事力行使が想定される有事より、むしろ平和時に機能する同盟となる。

⑥日英同盟は、将来のインド太平洋同盟の礎として機能するが、インド太平洋同盟は軍事力行使を想定したアライアンスである必要はなく、加盟国とのパートナーシップに基づいたコアリションとなる。そして、多国間が互いに連携するネットワーク型の同盟でなくてはならない。

以上が、日本と英国が二一世紀の今日、日英同盟を再生させる意義であり、将来、果たすべき役割だと私は思う。

21世紀の米国戦略図

　こうして考えると、世界に存在する同盟は今、地政学的な地殻変動にみまわれ、ドミノ的に振動していることがわかる。ＮＡＴＯにしても日米同盟にしても、要するに古いのである。どちらも東西冷戦に対応するために作った同盟であり、二一世紀の現代で機能させるにはやや無理がきているのだろう。世界の安全保障の重心がかつての欧州大西洋ではなく、インド太平洋に移ってきているからである。
　二〇〇一年、米国のブッシュ政権（当時）は「不安定の弧」という地政戦略を考案し、安全保障戦略の根幹に据えた。それは、東は朝鮮半島から西はトルコに至るユーラシア大陸の南縁に弧を描くように広がる地域にテロや地域紛争、麻薬密売など世界情勢を不安定にする要因が集中しているからだった。

そのため、当時のブッシュ政権は世界的な米軍の配置を見直し、この不安定の弧を包囲するように米軍を配置する軍の再編を行った。また、機動性など軍の能力を見直すトランフォーメーションも行った。

それから二〇年後の今、「不安定の弧」の問題点はいささかも解消されていない。イランの核問題、北朝鮮の核問題、インド中国国境、アルメニア紛争、そして香港、台湾海峡などすべて、この「不安定の弧」が抱える問題である。

しかし、その戦略の発案者の米国は、中東での長期に及ぶ軍事作戦に疲れたこともあり、世界の警察官の役割を返上した。その結果、米国の国際的な影響力は下がってきている。

そして、前述したようにその力の空白につけ入る形で、ロシアは東欧での軍事的行動を活発化させ、クリミア半島を事実上併合、第二次世界大戦後初めて中東に軍事介入した。また、中国は軍事力を誇示しながら海洋進出を強引に推し進め、ロシアと軍事的な連携も深めている。そうした大国の動きを尻目に、国際テログループの活動も活発化している。

このように今、「不安定の弧」はますます不安定になっているのであり、これに対処できる力は世界に存在していない。

ただ一つだけ期待できるものがあるとすれば、それはおそらく、日米同盟、新・日英同盟を基盤としたインド太平洋戦略に基づくインド太平洋同盟であろう。ユーラシア大陸を南から包囲する位置にあるからだ。

日本と米国の日米同盟は一九九六年、日米安保の再定義を行い、日米同盟をアジア太平洋地域の安定のための同盟として機能させることで合意した。つまり、日米同盟は今日の時代を見すえて、インド太平洋を睨んだ新しい同盟に早々と衣替えしているのである。

あとは、西側の最大の同盟、NATOである。すでに述べたように現代のNATOは東西冷戦期のNATOとは機能も活動の実態もかなり変化してきている。そして、アフガニスタンにまで兵力を派遣して安全保障の傘を広げようとしている。そのNATOはインド太平洋に世界の安全保障の重心が移る中で、ただなにもしないで見ているはずがない。NATOのリーダー国は、米国、英国、フランス、ドイツであり、どの国もインド太平洋地域への関与を重視しているからだ。

そんなとき、欧州をインド太平洋に引き込むことができるのは新・日英同盟をおいてほかにはない。それこそがこの新しい同盟に課せられた最大の任務と言ってよいだろう。

第6章

動き出す新・日英同盟

必要となる相互依存

国と国の関係は、個人と個人の関係と大差はない。相手と深い関係を結びたいと思ったら、いくら口先で相手への思いを伝えても真の友情を築くことはできない。やはり、友情を目に見える形で行動で示すことがなにより重要である。

そういう意味で、前述したような英国のアジアへの空母派遣や日本と英国との軍事的な交流、日本の皇室と英国王室との交流、歴史に根ざした国民同士の親和性など、どれも重要なことではあるのだが、とりわけ安全保障上の関係を深めようと思うのなら、関係を切りたいと思っても簡単には切れないような相互依存の関係を築く必要がある。

具体的に言えば、それは防衛装備（兵器）についての協力、そして情報の交換による協力である。

このうち、防衛装備は国の安全にとって欠かせないハードウェアであるが、これを十分に使いこなすには長期にわたってスタッフが装備の提供国から教育や訓練を受けたり、定期的に点検や改修を受ける必要がある。

国家の安全のための重要な装備の管理を任せるわけだから、相手の国との関係は親密で揺るぎないものでなくてはならないし、装備協力によってお互いの信頼関係を深めていかなくてはならない。要するに、防衛装備の協力関係を結ぶ相手とは命綱の一端を持ってもらうような関係であり、ゆえにその相手は同盟国ということになる。

また、防衛装備と同様に国の安全にとって欠かせないもう一つの重要なツールは、情報である。昔から「一人のスパイは一個師団の兵に匹敵する」とよく言われるが、高度に情報化された現代において、情報の取得能力はその国家の防衛力を決定する。そして、情報は一国で収集し分析するより、他の国と共同で収集にあたり、分析結果を共有するほうがはるかに効率がよい。

したがって、国家にとって情報を共有する相手は防衛装備と同様、同盟国と呼べる相手でなければならない。

つまり、同盟関係を人の身体に例えるならば、防衛装備は移植する臓器にあたり、情報は輸血する血液にあたる。同盟関係は、防衛装備と情報の協力を主軸に作られているのである。

それでは、新・日英同盟を推進するため、日本と英国の間での防衛装備面の協力、情報面での協力はどの程度進んでいるのか、その課題はなにか、それぞれについて考えてみたい。

防衛装備協力

前述したように、防衛装備は普通の乗用車や船などとは違って、相手に供与すればあとは自由に使ってもらってよいという代物ではない。それを運用するスタッフの教育訓練から装備の維持管理まで、装備の提供国は長期間にわたって責任を持つことになる。特に最近の装備（兵器）は地上に配備した車両や上空を飛行する航空機までC4ISRと呼ばれるネットワークによって立体的に接続されている。

C4ISRとは、指揮（Command）、統制（Control）、通信（Communication）、コンピューター（Computer）、情報（Intelligence）、監視（Surveillance）、偵察（Reconnaissance）という軍事には欠かせない七つの機能を接続して運用するものであり、この壮大な情報ネットワークが装備の根幹をなしている。

したがって、最近では兵器とか装備とか呼ぶことは少なくなり、代わって、「システム」と呼ぶことが多い。現代では防衛装備を外国に提供する場合、単に技術を提供するだけではなく、その装備が相手国が保有する他の装備ときちんと連携して機能するかどうかという点についてまで、提供国は面倒をみなくてはならない。

次期戦闘機計画

日英の防衛装備協力で注目されるのが、次期戦闘機と呼ばれる新型戦闘機の開発計画である。これは航空自衛隊が現在、運用しているF２戦闘機が耐用年数を迎え、二〇三五年頃から退役を始めるのにともなって、次の世代の後継機を開発して配備するものだ。

そのことを考える前に、まず一般的に言って、国家が戦闘機を調達するにはどのような方法があるのかを簡単に知る必要がある。

戦闘機にかかわらず国家の防衛を象徴する大型の防衛装備を取得する方法には、外国から完成品を輸入するか、外国と共同開発するか、それとも自ら国産の自主開発を行うかの三つの選択肢がある。

このうち、完成品の輸入はお金を出して買うだけだから最もてっとり早く高性能の装備を入手できる方法だが、最大の問題は日本の航空産業や航空技術の向上にほとんど恩恵をもたらさないことだ。戦闘機の開発は材料工学や航空工学、電子工学などその国の技術の粋を結集して行うものであり、開発に関わる企業の数も多い。

つまり、戦闘機は国の技術力のたまものであるから、開発や製造に関与しない完成品の輸入ではいかに安く高性能の戦闘機を入手できたとしても、国の航空技術の発展に寄与することはない。したがって、日本のように伝統的に航空技術を保有する国にとっては、極力避けるべき選択肢である。

一方、国際共同開発は進んだ外国の防衛産業と日本の産業が連携して進めるものであり、開発を通して得た技術や利益はある程度共有することができるし、開発のコストも分担できるため、高性能の戦闘機を比較的安く開発でき、しかも航空技術の発展に寄与する。

現代の戦闘機は先端技術のかたまりであり、一機一〇〇億円を超えるものがざらにある。開発費用ともなれば、その数十倍もの費用がかかる。それを技術的にもコストの面からも一国で実現できるのは現代では唯一米国だけであり、欧州などの先進国は戦闘機の開発は国際共同開発によって実現するのが一般的である。

しかし、共同開発にも問題がある。

航空機は高度な技術の寄せ集めだが、機体やエンジンなど部分的な技術を保有する国より、そうした技術を統合して運用、制御する技術、いわゆるインテグレーション技術を保有する国が開発にあたって主導権を発揮しやすい。第二次世界大戦以来、実戦経験のない日本にはそうしたインテグレーション技術が乏しく、様々な戦闘場面において搭載した兵器や機体の運動性能などを適切に制御するソフトウェアを自前で開発することは、現代の日本には難しい。

　したがって、共同開発とはいっても開発の主導権を外国の政府や産業に奪われてしまっては、日本の航空技術の発展に十分に寄与できない。

　また、防衛装備はそれぞれの国の戦略環境に合わせて開発するものだ。

　例えば、日本のような島嶼国家が使用する戦闘機は、日本周辺の広大な洋上での作戦が多く、広大な領空を守るために、飛来する外国の航空機に対応する要撃任務が圧倒的に多い。

　これに対して欧州は、地理的に洋上の空間が少なく、むしろ地上の目標に対する攻撃任務のほうが圧倒的に多い。戦闘機はこうした戦略環境に合わせて能力を発揮するよう設計し、搭載する装備を開発しなくてはならない。

　ところが、共同開発では外国の戦略環境も考慮に入れた開発をしなくてはならないから、純粋に日本の防衛のための戦闘機を開発することが難しくなる。

　そこで、最も理想的なのは自前で戦闘機を自主開発することである。日本の戦略環境に十分適合した戦闘機が作れるし、開発にあたって外国の干渉を受けることなく日本が主導権を発揮できる。

　しかし、最大の問題は技術とコストである。前述したように日本の航空技術は世界的に見て進んではいるものの、インテグレーションの知識に乏しい上、最新型の戦闘機をすべて自主開発できるほど技術力が成熟しているとは言えない。

また、コストは前述した三つの選択肢の中では最も高くつくことになり、日本だけでそれをまかなうのは難しい。令和のゼロ戦を作り出すことは、そう簡単なことではない。


日本の次期戦闘機の開発計画も、まさにこの問題に直面した。防衛省は日本の航空技術の発展に寄与することを念頭に、当初から完成品の輸入は避け、また、一〇〇パーセント国産の技術による自主開発はあきらめていた。そして、米国と英国の保有する最先端の航空技術、軍事技術に着目して、開発にあたってどのような協力関係を築けるかを探っていた。

開発にあたって次期戦闘機に求められたのは、これらの五つの能力を保有する戦闘機の実現であった。

①陸上、海上、航空の三自衛隊をネットワークで接続して情報を共有、戦闘を行う能力を持つ。
②高度なステルス性を持ち、高性能のセンサーを装備する。
③電子戦に強い戦闘能力を持つ。

日本の次期戦闘機想像図（提供：防衛省）

④十分な数量のミサイルを搭載する。

⑤米軍とのインターオペラビリティー（相互運用性）を確保する。

そして、防衛省は、二〇二〇年一〇月三〇日、次期戦闘機の開発を三菱重工業一社に正式に発注した。これは契約ベースで考えると、日本が主導権をとって国産の戦闘機を開発するように見えるが、実際には契約を請け負った三菱重工業が元請けとして、エンジンや機体、インテグレーションなど様々な部分の技術を国内や外国の産業と下請け契約を結び、実質的には海外の技術協力を受けて、戦闘機を開発しようというやり方である。

つまり、開発の主導権を形式的には日本が確保し、その上で外国の協力を得ようという、国産と国際共同開発を足して二で割ったような開発方法である。

しかし、開発は実質的には米国や英国の企業との共同作業になるから、米国や英国が重要な軍事技術の情報を「技術協力」という名目でどこまで日本側に提供するのか不透明である。ちなみに防衛省は外国の複数の防衛産業の協力を得る方針で、まずは米国のロッキード・マーチンを協力企業として指名したが、今後も開発の進展に合わせて複数の米国や英国の防衛産業の協力を得ることにしている。

このうち、英国のＢＡＥシステムズは、防衛省が戦闘機開発を三菱重工業に発注したと発表した直後の一一月四日、インテグレーション技術の支援を申し入れる提案書を防衛省に提出した。技術協力という体裁をとってはいるが、英国の防衛産業が日本の戦闘機開発に関わることになれば、これが初めてのケースとなる。

テンペスト計画

英国が日本の次期戦闘機の開発計画への参加に興味を示したのは新・日英同盟の実現という政治的な動機からだけではない。

英国では次期戦闘機「テンペスト」の開発計画が日本の次期戦闘機の計画とほとんど同じ時期に並行して進められており、戦闘機の運用開始も日本と同じ二〇三五年頃を予定している。

英国の次期戦闘機・テンペストのイメージモデル（提供：英国防省）

つまり、英国としては日本の次期戦闘機の開発に参加することによって、日本の特定の防衛技術に接し、それを英国の別の技術と交換することによって取得し、日本の技術をテンペストの開発に反映させたいという思惑があるからである。

日本の戦闘機開発に関連して英国が関心を寄せていると見られる日本の技術は、次の四つの分野である。

①先進統合センサーシステム

遠方から戦闘機を補足できる高出力のレーダーシステテ

ム（三菱重工業・東芝・富士通）

②戦闘機用のエンジン

世界最高温度に耐える耐熱材料によって、最大推力一五トン以上のハイパワーでスリムなエンジン（ＩＨＩ）

③機体の軽量化技術

複合材料に鋲《びょう》を使わず接着して組み立て、機体の軽量化を実現する技術（三菱重工業）

④ウェポンリリースのステルス化

機体内部に搭載したミサイルを素早く発射し、機体のステルス性（レーダーに映りにくい技術）を向上させる技術（三菱重工業）

英国のテンペストには、日本の次期戦闘機よりもさらに先進的な技術が取り入れられる予定だ。

例えば、戦闘機そのものを無人機として運用したり、遠隔操作により、他の複数のドローンを共に群れで飛行させたり、従来の弾丸やミサイルのような運動エネルギー兵器に加えて、レーザーなどを利用した指向性エネルギー兵器を初めて搭載することが検討されている。

また、複数の映像を三次元で表示するバーチャルコックピット、はるか遠方の目標を捉えるセンサー、敵のミサイルを誤誘導する次世代型のデコイ（おとり）の射出といった技術の採用が検討されており、かなり未来的な戦闘機だ。

二〇二〇年一二月の段階で、イギリス、スウェーデン、イタリアがテンペストの国際共同開発への参加を表明しており、開発には英国のBAEシステムズやロールスロイス、MBDA、イタリアのレオナルドなど複数のヨーロッパの防衛産業が参加する方針だ。

テンペストは、日本の次期戦闘機とほとんど時期が並行して開発が進められる予定であり、英国の本音は日本の次期戦闘機開発をテンペスト計画と統合して、テンペストの国際共同開発に日本にも参加してもらうことだった。しかし、防衛省はテンペストの性能がやや未来的すぎて実現性に確信が持てないことや、開発の主導権が英国に取られ、日本の主導権が発揮できない可能性があることなどから参加に難色を示したものと思われる。

これについて、英国のロールスロイスの防衛部門の責任者は日経産業新聞のインタビューに対して「テンペスト向けに開発する技術も日本の次期戦闘機に応用できる。反対に超耐熱合金や複合材、セラミクスといった日本企業が得意とする素材は英国の戦闘機や民間向け航空機のエンジンなどに活用したい」と述べ、日本の次期戦闘機が日本主導で行われるとしても、英国が日本の戦闘機開発に関わる意義が大きいことを強調した。

いずれにしても、日本の次期戦闘機の開発に英国が初めて、米国と共になんらかの形で関わることは確実で、日英同盟の再生は日本の次期戦闘機開発への協力という形で新たな足跡を残すことになりそうだ。

防衛装備移転三原則

日本と英国がここまで防衛装備をめぐる協力関係を築くことができるようになった背景には、二〇一四年四月、日本の武器の輸出をめぐって、防衛装備移転三原則が政府の方針として策定されたことがある。

日本ではそれまで武器輸出三原則というものがあり、基本的に武器、兵器の外国への輸出は一部の例外を除いて事実上禁止されていた。そのため、日本製の武器は量産化が難しく、結果として価格が不必要につり上がり、日本の防衛費を圧迫していた。また、より進んだ同盟国や友好国の防衛技術に接したり、それらと競合する機会が奪われ、結果として日本の防衛技術の発展を阻害してきた。

防衛装備移転三原則はそうした弊害を取り除くために策定されたもので、武器の輸出を基本的に認め、その上で、禁止するケースを明確にし、審査を厳格にすることを規定している。

具体的には、次の三原則である。

①移転を禁止する場合を明確化し、次の場合には移転しない
・日本が締結した条約やその他の国際約束に基づく義務に違反する場合
・国連安保理の決議に基づく義務に違反する場合
・紛争当事国への移転となる場合
②移転を認める場合は次の場合に限られ、透明性を確保して、厳格な審査を行う
・平和貢献、国際協力の積極的な推進に資する場合
・日本の安全保障に資する場合
③目的外の使用や第三国への移転について適正な管理が確保される場合に限定し、原則として目的外使用や第三国への移転については、日本の事前の同意を得ることを相手国政府に義務づける

この三原則が新たに規定されたことによって、日本政府は同盟国や友好国と防衛装備や防衛技術の移転を促進するため、協定を次々と締結した。これまでに締結した国

は米国、英国、オーストラリア、フランス、インド、フィリピン、イタリア、ドイツ、マレーシアなどである。第二の原則で示された「日本の安全保障に資する場合」という規定が、これらの国々と協定を結ぶ根拠となっている。

そして、三原則の策定後、真っ先に日本政府が海外への移転を認めたのが米国と英国に対してであった。それは、米国に対しては米国製の対空ミサイル「パトリオット」に使用するため、三菱重工業が生産する姿勢制御の技術を米国へ輸出すること、英国に対しては最新鋭のＦ35戦闘機に搭載する空対空ミサイルを英国と共同で研究することの二件であった。

このうち、英国との共同研究が進められているミサイルは、ＪＮＡＡＭ（Joint New Air-to-Air Missile）と呼ばれている。ＪＮＡＡＭは英国が中心となって欧州の六カ国で共同開発している空対空ミサイル「ミーティア」に、日本の三菱電機製の「シーカー」と呼ばれる高出力のアクティブ・フェイズド・アレイ方式（自ら電波を発信して目標を探索する方式）のレーダーを組み込んでミサイルの誘導能力を高めようというものだ。

このミサイルは、西側では初めてダクテッドロケットエンジンと呼ばれる新型のエンジンを搭載し、パイロットの視界から外れた一〇〇キロ以上の遠方から発射され、音速の４倍以上で飛行する次世代の長射程ミサイルである。

ＪＮＡＡＭはすでに二〇一八年度から研究試作の段階に入っており、二〇二二年度までに試作を終える見込みだ。日本と英国はこの試作のミサイルの性能を確認した後、Ｆ35戦闘機に搭載するための量産が可能かどうか判断する予定である。

日本と英国の防衛装備協力はこれに留まらない。二〇二一年度からは戦闘機が搭載する高性能のレーダーについての共同研究を始める予定で、おそらくこのレーダーの技術が日本の次期戦闘機と英国の次期戦闘機「テンペスト」に用いられるのではないかと見られている。

このように日英の防衛装備協力に限って言えば、協力関係は順調な滑り出しをしているように思える。しかし、防衛装備移転三原則に基づいて、日本政府と防衛産業は防衛技術の海外への移転に取り組み始めたものの、現実には国際武器市場の激しい競争原理が立ちはだかり、海外への武器の移転は難航することが多い。政府の庇護のもと競争を経験せず、米国とだけ付き合ってうまくやってきた日本の防衛産業にとって、国際武器市場での熾烈な争いは一筋縄ではいかない難しさがあるようだ。

例えば、二〇一五年五月、日本はオーストラリアの次期潜水艦の共同開発をめぐって、海上自衛隊の最新鋭のそうりゅう型潜水艦の技術を提供する提案をし、国際入札に参加したが、結局、フランスの防衛産業の提案が採用されて実現しなかったし、一時は、英国の次期対潜哨戒機についても海上自衛隊の最新型の哨戒機Ｐ１を提案したが、米国製のＰ８哨戒機が採用された。

ただ、フィリピンに対しては、海上自衛隊の練習機ＴＣ90を無償で供与したほか、三菱電機製の防空レーダーを輸出することで契約が成立した。レーダーの輸出は防衛装備としては初めて新型の完成品の輸出となる。

このほか、タイが海上自衛隊の対潜哨戒機Ｐ１に関心を示しているほか、インドやインドネシア、タイが海上自衛隊の救難飛行艇ＵＳ２に、アラブ首長国連邦（ＵＡＥ）が航空自衛隊の新型輸送機Ｃ２にそれぞれ関心を示している。これに対して各国の防衛産業の売り込みも激しさを増しており、果たして日の丸装備に軍配があがるのかどうか予断を許さない。

武器輸出の課題

それでは日本が国際武器市場で防衛装備を売り込む場合、どのような課題を克服しなくてはならないのだろうか。

ＲＵＳＩロンドン本部で防衛装備の移転問題を研究しているトレバー・テイラー教授は国際武器市場への日本の参入と日英の防衛装備協力について、次のような問題点を指摘している。

①　日本の装備品の多くは高額だという評価があるが、価格以上に大切なことは相手国に提供した装備を有効に活用するための教育や訓練を、日本側が十分に提供できるのかどうかだ。

具体的に言えば、相手国の軍隊に対して日本側が特別な訓練や教育を行えるのかどうか、その訓練には実際に戦時を想定したものも含まれなければならない。そして、その教育や訓練は同じような装備を売ろうとしている競争相手の国のそれよりも懇切、丁寧でなくてはならない。

商品の価値を決めるのは価格や性能だけではなく、アフターサービスの質の高さも重要である。

②　装備品を提供したあとで、相手国が予期しない武力紛争に遭遇した場合、日本はそれでも相手国に支援を続けることができるのか決断しなくてはならない。少なくても提供を受ける国は、日本の決断に不安を抱くだろう。

なぜなら、急いで武器を必要としている国ほど不測の事態に見舞われやすい国である場合が多い。したがって、紛争の当事国に武器の供与をしないという日本の原則は現実の世界では困難に直面しやすい。

これに対して、米国、英国、フランスなどから装備の提供を受ければ危機の中でも支援を受けることができるので、購入する側の国は安心して契約を結べる。

③ 日本政府は、英国やその他の国との防衛装備の協力関係の構築に関心を示しているが、なによりも重要なことは日本の防衛産業と各国の防衛産業との連携である。ところが、日本の企業は過去の経緯から米国の企業との付き合いの経験はあっても、それ以外の国の企業や国との取り引きについては知識が少ないのが実情だ。

それをサポートするために日本政府は防衛装備庁を設置したのだが、日本の政府にせよ企業にせよ、各国独特の文化を基盤にした各国のビジネスのやり方、各国政府の関連機関と企業との独特の関係など複雑な問題を理解しなければ取り引きはできない。そのためには、英国のような国際武器市場での活動経験の豊富な政府や企業の助言を聞く機会を増やす必要がある。

④ 日本も英国も米国の戦略的パートナーであり、米国の装備品を多く保有する国である。その中で、日英が防衛装備協力の関係を深めれば深めるほど、相対的に米国への依存度を減らすことになる。

米国は、軍産複合体と言われるように、政府が防衛産業の利益を代弁する立場を常に取る傾向があり、日英両国がどのようにして米国との利害関係を調整するのかが防衛装備協力を進める上で常に問題になる。

⑤　ロシアと中国に対しても、米国と同様にどのように向き合うのか常に調整する必要がある。日英間で防衛装備協力が進むと、東アジアでは中国との緊張関係を生む可能性がある。また、同様に欧州ではロシアとの関係を緊張させるかもしれない。

これは地政学的に避けられない現実だが、日英は常に親密に連携しながら対中国、対ロシアの関係をバランスよく調整する必要がある。

このように日英の防衛装備協力は、日本の防衛装備移転三原則の策定によって、段階的に深化してきている。

しかし、日本も英国も戦略的パートナーである米国との同盟関係を基軸に安全保障体制を築いており、日英の装備協力は米国との関係にも常に配慮したものでなくてはならない。

その点、日本の次期戦闘機が日本が主体的に国産機を開発するという体裁をとりながら、実質的には米国や英国の技術協力の機会を探るというやり方は、日英米の三国の同盟としての連携を重視するものであり、現実的で賢明な開発計画と言えるだろう。

また、米国が中心になって開発したＦ35戦闘機に搭載する最新型の空対空ミサイルを、日本と英国が共同で研究するというのも似たような発想に基づいており、日本と英国、そして米国の連携を反映している。

今後も日本と英国は自前の得意分野の技術を持ち寄りながら、地味な分野であっても着実に防衛装備、技術の協力関係を深めることが重要である。

特に日本はいきなり独自開発の完成装備品を輸出しようとこだわる必要はなく、まずはコンパクトでも日本でしか提供できない技術の移転を、英国やそれ以外の関心のある友好国に着実に行い、それによって各国の日本の防衛技術への信頼度を高めてゆくべきだろう。そして、そうして培われた経験を基に、いつの日か航空機や船舶といった大型の完成品の輸出につなげていくのが最も得策であるように思える。

インテリジェンス協力

ファイブ・アイズ論議

最近、日本のファイブ・アイズへの参加をめぐる議論をよく耳にする。ファイブ・アイズは米国、英国、オーストラリア、カナダ、ニュージーランドが参加する情報交換の枠組みだ。しかし、同盟の枠組みとしての性格も持ち合わせているだけに、日本が参加すべき新しい安全保障上の連携のあり方として脚光を浴びている。

具体的には二〇二〇年七月、日本の河野太郎防衛大臣（当時）が、英国のトム・トゥゲンハート下院議会外交委員長と会談した際、ファイブ・アイズをシックス・アイズに、つまり日本がファイブ・アイズの枠組みに参加することについて話し合い、トゥゲンハート委員長は日本の参加を支持したという。

また、英国のトニー・ブレア元首相は八月、産経新聞のインタビューに答えて、「ファイブ・アイズと日本は中国問題において共通の利害で結ばれており、（日本が参加する）十分な論拠があると思う」と答え、中国に関連する情報を日本と共有すべきだと主張した。

さらに、米国の知日派のリチャード・アーミテージ元国務副長官やハーバード大学のジョセフ・ナイ特別名誉教授らが一二月、日本の外交政策に関する提言書を発表した。アーミテージ氏らはこの中で、ファイブ・アイズへの日本の参加について、「同盟協力を深める機会」と評価し、「日本がシックス・アイズの実現に向け、真剣に努力すべきだ」と述べ、日本のファイブ・アイズへの参加を促した。

この一連の発言によって日本のファイブ・アイズへの参加の是非がしばしば議論されるようになった。

確かにファイブ・アイズは東西冷戦が終結し、米国の国際的影響力が徐々に低下しつつある中で、ある種の同盟としての役割が見直されつつある。

しかし、ここで注意すべきことは、ファイブ・アイズはあくまで参加国の情報機関同士が主に通信情報の収集や分析で協力し、必要な情報を交換し合うことを目的とした情報協力の同盟であるということだ。

つまり、そこには情報の世界で共に活動するための厳格な適格要件が存在し、参加さえすれば、黙っていても情報が手元に飛び込んでくるような単純なものでは決してない。

このことは、新しい日英同盟の骨格になる日英間のインテリジェンス協力にもまったく同じことが言えるのであり、日本のファイブ・アイズ参加の論議を考えることによって、日英の情報協力のあり方や課題を浮かび上がらせたい。


ファイブ・アイズとは米国や英国、オーストラリア、カナダ、ニュージーランドの五カ国の情報機関が通信の傍受や盗聴によって入手した生の情報を共有し、交換し合う関係を言う。

その関係は、一九四六年に米国の陸海軍通信諜報局（ＳＴＡＮＣＩＢ）と英国のロンドン信号諜報局（ＬＳＩＢ）が結んだ通信諜報協定に端を発し、その後、カナダ、オーストラリア、ニュージーランドと加盟国を拡大し、一九五六年に新たな協定が結ばれて完成した。英連邦の国家と米国が結ぶ協定なので、ＵＫＵＳＡ協定と名付けられた。

　したがって、協定の加盟国はすべてアングロサクソン系の英語圏に属する国であり、政治的価値観や国際的な利害が一致することが多く、このことがこの協定を実現させたとも言えるだろう。

　協定に加盟した国同士では、それぞれの国の情報機関のコンピューター同士がネットワークによって結ばれている。ホストコンピューターは米国のメリーランド州フォート・ミードにある国家安全保障局（ＮＳＡ）に設置され、それを中心に各国の五二カ所のコンピューターが接続されていると言われている。そして、集められた情報はデータベースとして蓄積され、加盟国はそれらの情報にアクセスして情報を共有できる仕組みになっているという。

　つまり、協定に加盟した各国の情報機関の通信傍受基地をネットワーク上で接続した地球規模の通信傍受網、それがファイブ・アイズの実体である。この運用にあたっている各国の通信情報機関は次の通り。

・米国……国家安全保障局（ＮＳＡ）
・カナダ……通信保安局（ＣＳＥ）

・英国……政府通信本部（ＧＣＨＱ）
・オーストラリア……信号総局（ＡＳＤ）
・ニュージーランド……政府通信保安局（ＧＣＳＢ）

したがって、日本がファイブ・アイズの加盟国としてその一翼を担うことになるとするなら、日本の役割はどのようなものになるのかを考えなくてはならない。まず、それを理解するために、インテリジェンス活動（情報活動）の基本的な構造を知る必要がある。

インテリジェンス活動には様々な種類があるが、極めておおざっぱに言うと、次の三つのタイプが基本型とされる。

①画像情報（Image Intelligence）……通称・イミント
②信号情報（Signals Intelligence）……通称・シギント
③人的情報（Human Intelligence）……通称・ヒューミント

このうち、イミントはよく言われる偵察衛星が撮影した画像や、航空機による偵察

上：米国国家安全保障局 NSA 本部（提供：NSA）
下：英国政府通信本部 GCHQ（提供：時事通信フォト）

インテリジェンスの３類型

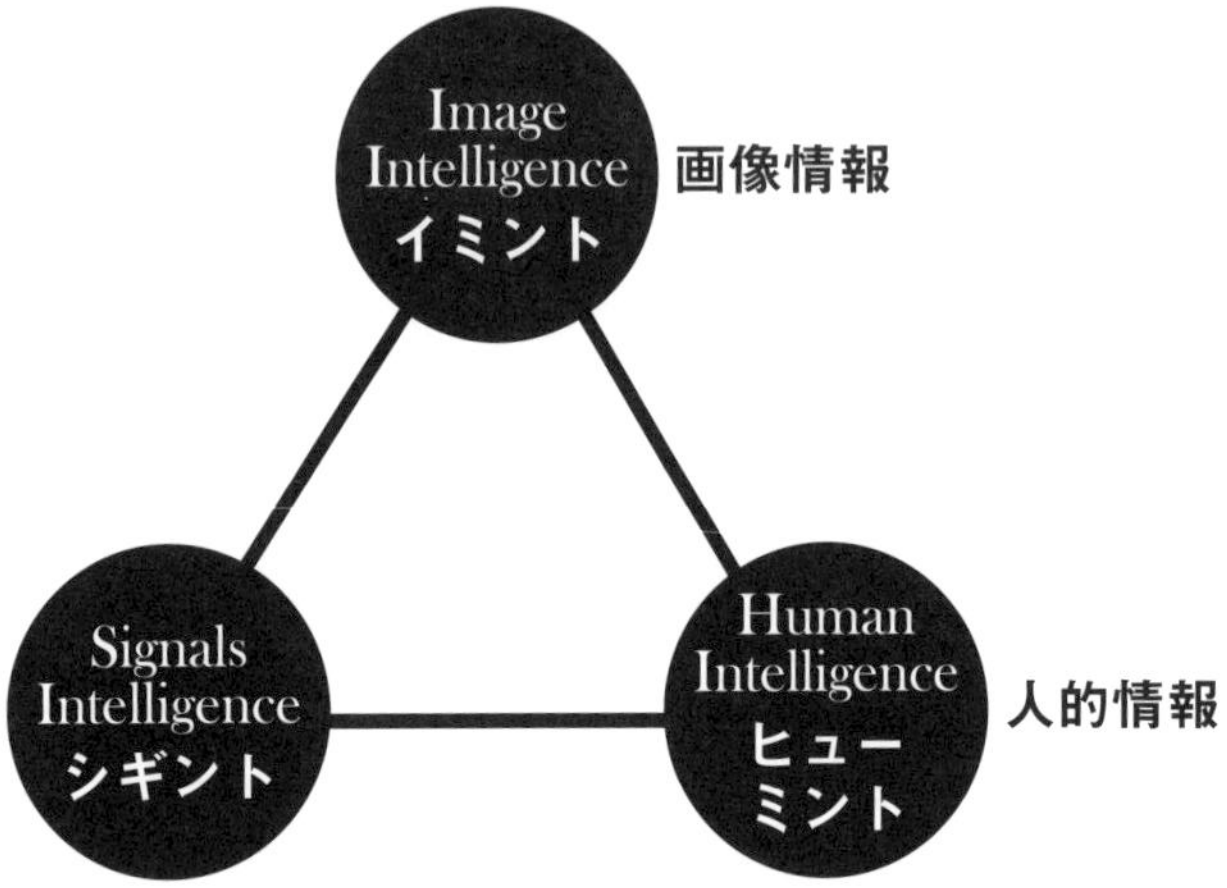

写真、さらに、スパイによる盗撮写真など画像や映像によって情報を得ることである。

シギントは、相手国が行う通信を傍受することや、最近ではインターネット経由で行われる通信の傍受、さらに相手国のレーダーの波長を調べたり、弾道ミサイルが発信するテレメトリー電波の監視をして情報を得ることもある。

ヒューミントは最も古典的な情報の取得手段で、人と人が接触して情報を得るもので、スパイを相手国に潜入させたり、また、相手国のスパイを懐柔して情報を得るのもヒューミントの一種である。

この三つの情報の取得手段には、ど

れも長所と短所がある。

イミントは客観的に相手の動きを把握できるが、その意味することや相手方の意図をつかむことができない。例えば、北朝鮮の軍隊が軍事境界線で活動していることはイミントでつかめるが、その活動が実際の軍事行動の準備なのか、単なる軍事演習なのかはイミントでは断定できない。

これに対して、シギントは相手の通信の内容を知ることができるので、相手の意図や考えをある程度まで知ることができるが、相手が通信を遮断したり、攪乱を狙って意図的にニセの情報を発信したりすると、シギントだけでは確かな情報はつかめない。

ヒューミントは、相手国の指導部の考え方や思惑など相手の心の内側を直接知る強みがあるが、情報源の信頼性が低いと誤った情報を得ることになり、場合によってはニセ情報をつかまされ、攪乱される危険がある。

このように、情報活動はこの三つのインテリジェンス活動を中心にその他の様々な情報の取得手段を組み合わせて、同一の情報を様々な角度から評価、分析して、相手の意図を探ろうとする作業なのである。そして、そのインテリジェンス能力は国によってばらつきがあり、それぞれ得意、不得意の分野がある。

例えば、技術力が抜きん出ている米国は情報の世界でも技術を駆使した活動に秀でていて、イミントやシギントが得意分野である。

これに対して英国は大英帝国以来、現在でも英連邦に加盟する多くの国との間に深い情報網を持つ。さらに、オックスフォードやケンブリッジを卒業した留学生同士の結びつきや、君主制を維持する多くの国の王室と英国王室の関係などを通じて、全世界に人脈を維持してきており、伝統的にヒューミントに強い国である。

つまり、米国と英国は情報の世界では互いの弱点を補い合う関係にあり、両国の情報機関同士の協力は「特別な関係」とまで言われる米英関係に大きな影響を与えている。

その一例が、米国が赤道上空およそ三万六〇〇〇キロの静止軌道に展開させている「メンター」と呼ばれるシギント衛星の運用を米英が共同で行っていることだ。メンターは直径が一〇〇メートルを越える大型の受信アンテナを装備し、地上での様々な通信を傍受しているが、開発、運用に莫大な費用がかかるため、英国が米国に資金の一部を提供して共同で衛星を利用していると言われている。

つまり、米国と英国はシギントの作戦を共同で行っているのであり、実際に英国の通信情報機関、GCHQと米国のNSAは互いにスタッフを派遣し合う交換人事まで行っている。

この米国と英国の情報協力の実態を見て言えることは、もし日本がファイブ・アイズに参加する場合、日本はこの同盟のためになにをどこまでできるのかということだ。

第一に、ファイブ・アイズは前述したようにアングロサクソン系の国家が集まった英語圏のいわば血盟的な同盟である。そもそも日本のようなアングロサクソンとは文化も伝統も異なる非英語圏の国家が、実際にどこまで連携して活動できるのかという問題がある。これらの国は人権の尊重、民主主義の死守という長い歴史の中で培われた価値観を共有しているからだ。

例えば、二〇一八年三月、英国のソールズベリーで英国へ亡命したロシア人の元スパイが軍事用の神経剤で暗殺されそうになった事件があった。その際、英国はロシアの情報機関が関与した犯罪だとしてロシアの外交官を追放するなど厳しい制裁措置を取り、それに同調するよう欧米各国に呼びかけ、多くの国が英国の呼びかけに応じてロシアの外交官を追放し制裁に参加した。しかし、G7（主要七カ国）の中で、ただ一国、日本だけがロシアに対してなんの対応も取らなかった。

また、二〇二〇年、香港に国家安全維持法が施行され、中国政府を批判する運動や報道が厳しく規制されるようになると、ファイブ・アイズの加盟国はそろって中国を批判する声明を発表した。特に米国と英国は、中国の弾圧から逃れた香港市民を受け入れる政策を取り始めた。

しかし、日本政府はただ香港の情勢について「重大な懸念」を表明しただけで、日本政府の高官が中国を直接批判することもなかった。欧州が常に脅威として警戒するロシアに対しても、人権という普遍的価値観に挑戦する中国に対しても、日本はファイブ・アイズの加盟国と明確に違う姿勢を示したのである。

もし、日本がファイブ・アイズに加盟したとしても、危機的状況に際して完璧な連携が取れないようでは、加盟国として失格というそしりを免れないだろう。


第二に、日本のスパイに対する防御力が極めて弱いことも問題である。

日本には特定秘密保護法が制定されて、国家の機密を保護する法律はできたが、直接スパイ活動を取り締まる法律がいまだにない。特に最近は、外国の情報機関員がビジネスマンや学者、留学生などになりすまして日本国内で活動するケースが多いと言われており、当局がこうした活動をスパイ活動と認定して直接取り締まることのできない日本の現状を憂う意見は、ファイブ・アイズの加盟国の中に多い。


第三に、日本には軍や情報機関、政治家、民間の研究者にまで幅広く適用される統一された「セキュリティー・クリアランス」の制度がない。この制度は、機密情報にアクセスできる権限を段階別に各分野の専門家に割り振って付与するもので、幅の広い情報の分析を可能にし、国の情報力を高めることができる。

一方、クリアランスを手にするには外国とのつながりなど厳しい身元調査を受けなくてはならないので、政府の内外を問わず一元的に情報を保全することができる。ファイブ・アイズの加盟国など多くの先進国が、こうして情報の保全体制を敷いているのである。


第四に、日本には米国のＣＩＡや英国のＳＩＳに相当するような対外情報機関が存在していない。先進国のほとんどすべての国が外国の情報を収集、分析する対外情報機関を保有しており、欧州のデンマークやベルギーのような小さな国でさえ、政府の中に対外情報部門がある。

日本のように世界第三位のＧＤＰを生み出し、人口が一億人を越えるような大国で、対外情報機関を保有していない国は歴史上類例がなく、おそらく日本だけであろう。現代の脅威と言われるハイブリッド戦のような目に見えない外国の浸透工作に対抗できるのは対外情報機関だけであり、今の日本にはそうした能力がほとんどないことを意味する。

また、同盟国や友好国の情報当局者同士は互いをカウンターパートナーと呼んで、ギブ・アンド・テイクで情報のやりとりをするものだが、英国のSISや米国のCIAから見て、日本に明確なカウンターパートナーがいないことは、国と国が情報面での協力がしにくい環境と言える。

第五に、情報協力は前述した米国と英国の関係のように、つまるところお互いの弱い部分を補い合い、助け合う関係である。

ファイブ・アイズの加盟国は日本が保有する通信傍受の情報、とりわけ中国と北朝鮮に関連した情報に関心を寄せているが、逆に言えば、日本が保有している情報でファイブ・アイズが関心があるのはそれだけである。日本がファイブ・アイズに参加した場合、そのほかにどのような貢献ができるのか、また、見返りとしてどのような情報を得ることができるのか、明確に見えにくい。

インテリジェンス協力で情報を得られる立場になるということは、同様に情報を提供する立場になるということであり、それだけの情報能力が日本に備わっているのか十分に検討されなくてはならない。

英国の情報関係者によると、ファイブ・アイズは活動内容が不透明なだけに、過大に評価される傾向があるという。つまり、各国は取得した情報をすべてファイブ・アイズのネットワークに提供しているわけではなく、五カ国で共有してもかまわないと判断された情報だけが発信されている。

特に最近は、通信の傍受情報のすべてが機械的にファイブ・アイズの加盟国の間で共有されることはなく、情報を提供できる相手の国を選別して、二国間で個別に情報のやりとりをすることが多いという。

それは、情報大国の米国や英国と比べて、カナダ、オーストラリア、ニュージーランドでは、それぞれの国が持つ情報の収集力が大きく異なり、発信できる情報の量も違うため、機械的に情報をシェアしていると加盟国間で公平な情報の分配ができなくなるからだ。つまり、ファイブ・アイズの加盟国の間で、ギブ・アンド・テイクの原則が貫徹しにくくなっているらしい。

例えば、英国が米国にある情報を提供して、その見返りとして米国が提供した情報がニュージーランドへのそれと質も量も同じだとしたら不公平になるということだ。消息筋によれば、現在、英国が入手した通信情報のうち、ファイブ・アイズに一斉に提供するのはおよそ二割程度で、あとは個別に各国との協力の度合いに応じて情報を提供しているという。

ただ、例外もあり、最近では新型コロナウイルスの蔓延と香港情勢に関する情報はファイブ・アイズ加盟国が一丸となって対処する必要があることから例外的にきめ細かに加盟各国に情報が配付されたという。

このように、もし日本がファイブ・アイズに参加したとしても、加盟国が保有するすべての情報を自動的に得られる保証はない。その意味では、日本が各国と個別に情報協力をしている現在の状況が大きく変わることにはならないだろう。

しかし、ファイブ・アイズのもう一つの側面、つまり国際危機が起きたときに結束して活動できるある種の同盟としての象徴的な役割には注目する必要がある。

特に、米国の国際的な影響力が減少しつつある現代において、インド太平洋での日米豪印の枠組みと同様、ファイブ・アイズへの期待は大きく、それに日本が関与することは、日本が国際社会でリーダーシップを発揮するための大きな原動力になるだろう。

新提案「スリー・アイズ」

これまで日本とファイブ・アイズとのインテリジェンス協力のあり方について考えてきたのは、それがそのまま日本と英国のインテリジェンス協力にも通じる論点であるからだ。日英のインテリジェンス協力への指針としてファイブ・アイズとの関係を考える必要があると思う。

私は一年のうち多くの時間をロンドンで過ごし、英国では多くの政府や議会、研究者など専門家たちと日英関係について意見を交わす機会がある。そうした機会を通して、日英のインテリジェンス協力について得た情報をお伝えしたい。

英国の議会外交筋の中には、確かにトム・トゥゲンハート下院議会外交委員長のように日本のファイブ・アイズへの参加を主張する意見があるのは事実である。しかし、トゥゲンハート委員長の発言の狙いは、英国がEUから離脱した今、なるべく早く日本とのインテリジェンス協力の関係を構築することであり、それを実現できる既存の枠組みの一例としてファイブ・アイズを挙げているにすぎない。

英国から見れば、日本との防衛協力が急速に進展している現在、それと並行して、日本とのインテリジェンス協力も深化させる必要があり、そのためになにができるのかを彼らは模索しているのである。

前述したように、英国は二〇二一年から海軍の空母攻撃部隊を年間を通してアジアに展開させ、インド太平洋でのプレゼンスを強化する方針である。

その目的は近い将来、国際政治と世界経済の中心になるインド太平洋での英国の影響力を高め、米国や日本、インド、オーストラリア、フランスなどと連携して、この地域を支配しようとする覇権主義を牽制することである。

要するに英国ははっきりとは言わないが、米国や日本と共に中国を牽制する列に参加することになる。

その実現のために重要なことは、中国や東アジアなど、英国の情報活動があまり活発ではない地域で少しでも多くの地域情報を収集することであり、英国はそのための協力を日本の情報当局に望んでいる。日本は通信情報など中国やその周辺国に関する多くの情報を保有しているから、英国はそうした日本の情報を直接共有することで、インド太平洋での英国の関与に役立てたいと考えているのである。

だから、英国の議会外交筋にとってファイブ・アイズというのは一つのアイデアにすぎない。日本との二国間のインテリジェンス協力でもよいし、他の枠組みを新たに作ってもよいと言う意見さえある。

専門家の一部には、ファイブ・アイズという既存の枠組みにこだわるのではなく、英国と日本は共に米国の戦略的パートナーなのだから、この際、日英米で新しい枠組みとして、「スリー・アイズ」を創設したらどうかという斬新な提案まで耳にするようになった。

情報交換の枠組みは参加国が増えれば増えるほど情報が漏れるリスクが高まり、しかも、対峙する相手の国との距離感が加盟国によって異なると連帯が保てなくなるからだ。スリー・アイズの発想はおそらく、ファイブ・アイズの中で、とりわけニュージーランドの存在感が薄く、ニュージーランドが最近、中国の一帯一路構想に関心を寄せていることを危惧したためだと思われる。

ただ、スリー・アイズは、それそのものが日英米の三国の同盟を象徴する枠組みであり、一考に値する建設的な提案だと思う。

情報組織と情報文化

英国の専門家は日本と英国のインテリジェンス協力について議論する際、しばしば英国と日本の情報組織と情報文化の違いを指摘する。

英国の情報組織（インテリジェンスコミュニティー）は、比較的単純な構造で、国内の治安情報を担当する内務省保安局（ＭＩ５）、対外情報機関の秘密情報局（ＳＩＳ、通称ＭＩ６）、通信情報を担当する政府通信本部（ＧＣＨＱ）の三つが主な役割を果たしている。

この三つの情報機関は互いの組織間の壁が薄く、常に情報の交換や分析を互いの情報を持ち寄って行っている。そして、これらの情報機関が収集した情報が内閣の中枢にある統合情報委員会（ＪＩＣ）に集約され、分析、分類、集積される。

つまり、英国政府内では、三つの情報機関と一つの委員会が一つになって情報の評価を行い、国の政策に反映させる仕組みになっている。

英国秘密情報局（SIS、通称 MI6）の本部ビル（提供：時事通信フォト）

これは英国が縦割りの組織文化を排することに尽力した結果でもあるが、英国人の性格や文化がもともと、所属する組織への帰属心より、同じ大学の出身とか、同じ職業といった似通った立場にいる者同士との連帯を重視する傾向が強いためである。いわゆる、同輩型と言われる社会である。

これに対して、日本の情報組織は、警察組織が主力になって作られた内閣情報調査室、イミントやシギントを担当する防衛省情報本部、国内の治安情報を収集する公安調査庁、イミントを運営する内閣衛星情報センターなど多岐にわたっている。

また、それぞれの組織はいわゆる縦割りの管理が行われていて、組織間で

英国の情報組織

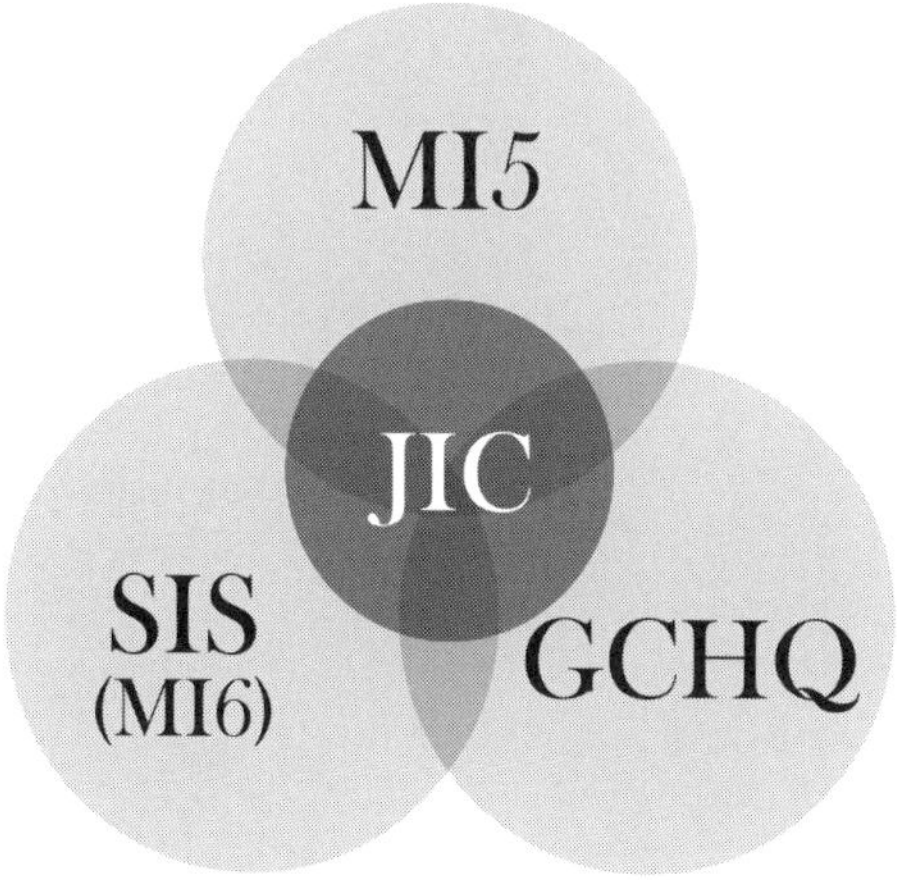

日常的な情報やスタッフの交換など横の連携はそれほど重視されていない。なぜなら、そこで働くスタッフはなにより自分が働く組織への帰属心を大切にするからであり、その分、政府や国民に仕えているという意識が薄いからである。

日本では、たとえ同じ大学の同窓生とか、かつて同じ職場で仕事を共にした関係にあっても、所属する組織が異なる者とは胸襟を開いて接することはほとんどない。英国の同輩型社会とは対照的である。この日本人の思考様式が日本の縦割りの組織文化を助長し、情報組織間の横断的な連携の障害になっていることは否めない。

一方、英国の情報活動に見られる横

断的連携は、なにも政府機関同士だけに限られたものではない。英国の情報機関は大学やシンクタンクの研究者、大手の保険会社や軍事産業、石油会社などの情報部門で働く専門家などにセキュリティー・クリアランスを付与した上で、情報の評価や分析などをしばしば依頼する。

ところが、前述したように日本にはセキュリティー・クリアランスの制度がないために、政府と民間の垣根を越えた横断的な情報の収集や分析作業が行われることはめったにない。

情報専門家の育成

また、情報組織に限らず日本の社会全体に言える問題だが、日本の組織では浅くても広い総合的な知識を身につけたジェネラリストを重宝する伝統があり、一つの専門分野を極めようとする専門家の育成を費用対効果などの観点から嫌う傾向が強い。

特定の分野に関心を持ち、狭い知識に没入しようとする若者は、日本では「オタク」とか「マニア」などと呼んで、社会的に蔑む風潮がある。欧米には、そのようなことはまったくない。

古くはアイザック・ニュートンやトーマス・エジソン、最近ではマイクロソフトのビル・ゲイツやアップルのスティーブ・ジョブズも皆、他人が興味を抱かない分野に異常な関心を持つことができる類い希な能力の持ち主であり、それゆえに彼らは時代を動かすことができたのである。いつの時代も歴史を動かしてきたのは、オタクたちであった。

情報機関で働くスタッフにも、オタクとしての才能が求められる。米国のＮＳＡはサイバー作戦のためにハッカーを職員として公募して話題になったことがあるが、サイバースパイやサイバー攻撃に対処するには、コンピューターサイエンスに詳しいハッカーとしての才能が求められる。また、特定の地域事情の分析にあたっては、その地域の通信を日々細かなことまで気にするような強い集中力が分析者には必要だ。

そうした能力を、平準的な高等教育を受けて育った日本のサラリーマンの典型とも言える公務員に求めるのは、まったく無理である。まして、日本の官僚機構では情報組織を含めて三、四年で人事異動の時期がめぐってくるので、それでは自分の人事が気になって、一つのテーマに集中できない。

少なくても情報組織の分析にあたるスタッフは、一つの課題に一〇年とか二〇年の長期間にわたって集中できる職場環境を提供しなくてはならない。また、やる気を高めるため、異動がなくても定期的に昇進させることも必要だ。

そうした人材を確保することによって初めて日本のインテリジェンスの能力は向上

するのであり、単に高性能な情報収集衛星を保有するだけでは不十分である。

ちなみに、英国のSISは外務省の一つの部局に位置付けられるが、スタッフの勤続年数は平均で三〇年を超えており、しかも同じ部門で同じ仕事をずっと続けている人が多い。外務省の本体とは比較にならないほど勤続年数が長いのが、特徴である。


このような情報組織や情報文化をめぐる日英間の相違は、インテリジェンス協力を進めるにあたってなるべく少ないほうがよい。しかし、この問題は両国の間にある文化や習慣の違いをそのまま反映しているであり、お互いに欠点を指摘することは容易であっても、それを正すことは一朝一夕にはいかない。

まずはお互いの相違を認め合った上で、それを乗り越える付き合い方をするしかないだろう。

偏った日本の情報体制

そして、日本の情報組織になにより特徴的なのは、前述したように先進国ならどこでもあたり前に保有する外国の情報の収集と分析、場合によっては作戦を実施する対外情報機関が存在しないことである。唯一、警察庁に外事情報部が設置されているが、警察組織は基本的に法を犯した者を摘発し、刑事責任を追及するための組織であり、英国のＳＩＳや米国のＣＩＡのような純粋に対外情報の収集や分析、情報作戦を目的とした組織とは基本的に性格が異なっている。

また、日本のインテリジェンス能力には大きな偏りがある。

確かに、日本のシギント能力は世界有数である。一九八三年に大韓航空機撃墜事件が起きた際、大韓機が旧ソビエトによって撃墜されたことを世界で初めてつかんだのは、日本のシギントであった。旧ソビエトの戦闘機のパイロットがミサイルの発射や撃墜を確認する無線交信を行っているのを、稚内にある自衛隊のシギント基地が正確につかんでいた。

一九七九年に起きた中越紛争で、中国軍が国境を越えてベトナムに侵攻したことをいち早くキャッチしたのも自衛隊のシギント部隊だったと言われている。

しかし、逆に言えば日本の十八番はそれだけである。前述したように、インテリジェンス活動ではシギントのほか、イミント、ヒューミントの活動で得た情報を総合的に評価して分析を行う。シギントの能力だけがいくら優れていても、それを補強するイミントやヒューミントの活動が不十分であるなら、正確な情報の分析はできない。

日本の場合、イミントについては「情報収集衛星」という名前の偵察衛星を運用している。衛星の偵察性能（分解能）は米国のそれには劣るものの、新型の衛星を定期的に打ち上げており、日本のイミントの技術は着実に進歩している。また、撮影した画像を分析する専門家の能力も日本が衛星の打ち上げを開始してすでに一八年近くもたつことから、着実に向上しているだろう。

しかし、ヒューミントについては大きな問題がある。第一に、日本の在外公館には情報収集活動を専門的な業務として行う外交官や職員は配置されていない。また、日本の外交官や情報組織のスタッフが海外で情報収集活動を行うことを認める明確な法律がない。ましてや、ルールをある程度無視した情報作戦など日本では議論の対象外である。そのため、日本の情報組織のスタッフが外国で本格的な情報収集活動を行うことは難しいどころか、むしろ禁止されているのが実情である。

これは日本に対外情報機関がないためであるが、国家のインテリジェンス活動という視点に立てば、はなはだ不完全な体制と言えるだろう。

このように日本のインテリジェンス活動を能力ごとに採点すれば、シギントは○、イミントは△、ヒューミントは×ということになる。このことは、日本の取得した情報だけでは少なくても外国に関する情報について正確な分析をすることが難しいということを意味している。シギント情報は、それを補完するヒューミントやイミントの情報があって初めて役に立つものだからである。

実際、これまでも、例えば北朝鮮や中国情勢を分析する場合、日本の情報組織は日本のシギント情報に米国から提供されたイミント情報を合わせて分析にあたっていた。同じようにファイブ・アイズが日本の参加に関心を持つのも、ファイブ・アイズの加盟国が日本からシギント情報の提供を受けることができれば、その情報を自らが保有するイミントやヒューミントの情報と合わせて総合的に分析、評価することが可能になるからだろう。

このように、日本と英国が対等の協力関係を築くにはまず日本のインテリジェンスの体制を質的に向上させなくてはならない。そのためにまず次の諸点を検討しなくてはならない。

①セキュリティー・クリアランス制度を導入することによって、政府と民間が一体となった秘密の保全体制を構築すること
②それによって、政府と民間の専門家が連携した裾野の広い情報の分析体制を築くこと
③短期間でスタッフを定期異動させる組織文化を改め、長期にわたって一つのテーマに専従できる情報分析の専門家を多く育成すること

④スパイ防止法などスパイ活動を直接監視し、取り締まる法整備を行うこと
⑤最終的に対外情報機関の創設を視野に入れること

以上の五点が、日本がインテリジェンス能力の向上のために取り組むべき課題と思われる。しかし、どれも一朝一夕にはいかないテーマであり、日本の情報組織はそれと並行して、情報能力の向上のため不断の努力を続けなくてはならない。

具体的には、シギント情報に偏らない情報の能力を育むため、イミント能力をさらに強化することや、限定的であっても法律の許す範囲でヒューミント能力を向上させることが必要であろう。そして、情報組織の改革によって、英国のような縦割りの文化を排した情報組織間の横断的連携を実現しなくてはならない。

そうした問題を一つ一つ克服することによって、日本と英国は真のインテリジェンスのパートナーになりうる。

ファイブ・アイズにただ参加すればその日からパートナーになれるわけでは、決してないのである。

第7章

英空母来航と日本

国際社会のリーダーとして

英国が新しく建造した空母二隻のうち、クイーン・エリザベスはすでに初期の運用段階にある。そして、二〇二一年春頃、空母攻撃部隊を編成して、いよいよ実戦に配備される。

その作戦の目的は、欧州から中東を経由して、インド太平洋を結ぶ海洋交通路、いわゆるシーレーンの監視とインド太平洋海域での航行の自由の確保である。

前にも述べたように、インド太平洋地域は世界のGDPのおよそ四〇パーセントが集中し、近い将来、その比率は六〇パーセントになると予測されている。世界の中心は、欧米からインド太平洋へと移りつつあるのだ。

したがって、この地域の安定を確保することは、アジア諸国だけではなく欧米諸国にとっても死活的に重要であり、とりわけ地域内の各国同士を結ぶシーレーンの安全は確実に保障されなくてはならない。そして、もし、この地域を支配し、覇権を確立しようとする勢力があれば、これを排除する必要がある。

英国は、そんな思いから新型空母の部隊をアジアに展開させ、年間を通して常駐させることを決めたのである。それが国際社会のリーダーとしての責任でもあるから

上：空母クイーン・エリザベス二世攻撃部隊（提供：英国防省）
下：F35B 艦載機（提供：英国防省）

だ。そして、それこそが、ＥＵ離脱後の英国の大戦略、グローバル・ブリテンであり、スエズ以東への回帰なのである。

そんな英国の思いは、この五〇年間、スエズ以東から撤退して以来、欧州に閉じこもりながらもずっとくすぶり続けていた。

グローバル・ブリテン、すなわちスエズ以東への回帰は、英国がＥＵ離脱を決めてからあわてて考え出したにわか仕立ての戦略ではなく、むしろそのずっと前から、長い間温めてきた戦略であり、それを実現するために英国はＥＵ離脱に踏み切ったのである。英国にとってＥＵ離脱は単なる新しい世界への入口でしかなく、伝統的な世界国家に戻るための手段の一つでしかないのである。

そんな英国の思いは思いとしても、その戦略の実現のために英国の空母がアジアに常時展開することは、インド太平洋の安全保障環境に大きな影響を与えることになる。それは、この地域の安定に寄与することになるだろうし、ひいては日本の安全保障にも直接影響を与えることになる。

二〇一七年、日英が合意した安全保障共同宣言はまさにそうした視点から生み出されたものであり、合意文書の中で英国の空母のアジア展開について言及しているのもそのためである。

したがって、日本はこの合意を実現するためこの地域での英国海軍の活動を様々な形で支援する義務と責任を今後負うことになる。

クイーン・エリザベスは二〇二一年春頃、アジアに向けて出発し、中東やインド洋の英国軍の基地や友好国を訪問したあと、南シナ海から日本にかけての海域には夏までに到着する予定である。日本の近海では米軍の空母や自衛隊の護衛艦も参加して、日英米三国による合同演習を実施する方向で検討が進められている。

クイーン・エリザベスには攻撃部隊を編成する六隻前後の随伴艦が同行する予定で、クイーン・エリザベスや随伴艦が親善訪問として日本各地の港に立ち寄る機会もあるだろう。

英国の空母がはるばる日本の周辺にまでやって来ることは、ただそれだけでも時代の大きなうねりを感じさせる。第二次世界大戦後、日本を訪問する外国の空母といえばいつも同盟国、米国の空母であり、米国以外の国の軍艦が、しかも七万トンクラスの大型の空母が日本の近海に立ち寄るなど想像もしなかったことである。

それは単に英国の大型の空母が来るのが珍しいからではなく、英国が日本の新しい同盟国としてマウンドに立つのをこの目で見ることができるからである。

NATO演習の狙い

こうして期待を持ってアジア諸国から迎えられそうな英国の新型空母、クイーン・エリザベスだが、実はまだ多くの克服すべき問題を抱えている。

二〇二〇年一〇月四日から一五日までの一一日間、英国のスコットランド沖合の北海で、NATOの海軍合同演習「ジョイント・ウォリアー(Joint Warrior)」(共闘する戦士)が実施された。演習にはNATO加盟国一〇カ国とオーストラリアから航空機八一機、水上艦二八隻、潜水艦二隻と六〇〇〇人の兵士が参加した。

演習の目的は英国の空母、クイーン・エリザベスとその搭載機F35戦闘機、それに随伴艦、計七隻からなる空母攻撃部隊の実力を試すことで、英国海軍の最新鋭の装備がスコットランドの沖合に集結して、同盟国の海軍と連携して演習を行った。

そこで最も注目されたのは、クイーン・エリザベスが、その飛行甲板の艦載機として、英国空軍の最新鋭戦闘機F35B戦闘機五機に加えて、なんと米国海兵隊のF35B一〇機を搭載していたことだ。

この海兵隊の部隊は、米国のアリゾナ州ユマの基地から派遣された米国海兵隊第三

クイーン・エリザベス艦上の米国海兵隊F35B（提供：米国海浜隊）

海兵航空団所属の部隊で、彼らは英国空軍の戦闘機と共にクイーン・エリザベスの艦載機として演習に参加したのである。演習では、英国空軍より先に米国海兵隊の戦闘機がクイーン・エリザベスの飛行甲板から発艦し、英国空軍の戦闘機の飛行訓練を支援したという。

確かに最近では軍隊同士の相互運用性を高めるために、例えばフランスの艦艇と英国の艦艇が行動を共にすることはよくあることだが、ある国の軍艦に別の国の部隊が乗り組んで混成部隊を作って同一の作戦にあたるというのは珍しい。というのも、指揮系統や秘密の保全、言語の違いによるコミュニケーションの問題などがあるからである。

そして、さらに驚くことは、この米国海

兵隊の戦闘機部隊は今回の演習のためにクイーン・エリザベスに臨時に乗艦しているのではなく、正式な艦載機として今後、クイーン・エリザベスと共に行動する計画があるということだ。

英国海軍の制服組トップのトニー・ラダキン第一海軍卿と米国海軍の制服組トップのマイク・ギルデイ海軍作戦部長は演習の後、共同で声明を発表した。声明の中で、米国のギルデイ海軍作戦部長は次のように述べた。

「第一海軍卿と私は将来の両軍の統合と協力のビジョンについて合意することになりました。それは、『相互交換』という協力関係です。私たちは（海軍同士が）進んだ能力や運用の面で協力し合い、統合された海軍力を実現するため総力を尽くすことになります。空母攻撃力、水中での優位性、海軍と海兵隊の統合、無人の技術や人工知能など、将来の戦いに向けた協力を行うことで、大国同士の競争の中にあって、常に先を進み続けることができるようになります」

そして、両司令官は今回の演習に関連して次のような点を明らかにした。

・英国海軍はクイーン・エリザベスの配備へ向けて準備を進めてきたが、その過程で米国海兵隊の協力を得て、英国の艦載機のパイロットの訓練を行った。
・ＮＡＴＯ演習はその集大成であり、二〇二一年の実戦配備に備えたものだ。
・二〇二一年の実戦配備ではクイーン・エリザベスの艦載機Ｆ35Ｂの部隊は、英国空軍と米国海兵隊の混合編成となる。

これについて、英国海軍の空母航空団のジェームズ・ブラックモア司令官は次のように述べた。

「我々は、海上でのＦ35Ｂの運用について米国海兵隊からたくさん学ぶことになる。彼らは長く運用してきているので、我々が共有できる技量を持っている。このことは米英が互いに互いの空母を使えるようになるということだけを意味しているのではなく、必要なら相手の側について共に戦えることを意味している。こうした統合は危機や紛争、戦争の時に役に立つ。それこそが英米同盟である」

一方、クイーン・エリザベスで任務にあたる米国海兵隊飛行中隊の司令官は次のように述べた。

「我々は、英国の水兵や航空兵と共に働く準備ができている。英国の仲間たちと共に数カ月間活動できることを楽しみにしている。同盟国の空母部隊で重要な役割を果たせることを誇りに思う」

つまり、両国の軍の司令官の説明を総合すると、英国海軍と米国海軍はそれぞれの国の部隊が独立しながらも共同して作戦にあたることができる、いわゆる「相互運用性（Interoperability）」と呼ばれたこれまでの軍隊の協力関係をさらに発展させることで合意した。それは、それぞれの国の部隊や装備を混合させ、お互いに戦力や装備の不足分を補い合う「相互交換性（Interchangeability）」という新しい協力の段階に進むということである。

そして、その相互交換性を演習として試したのが二〇二〇年一〇月のＮＡＴＯ演習であり、それを初めて実戦段階でテストするのが、二〇二一年に予定されるクイーン・エリザベスのインド太平洋への展開であるというわけだ。

すなわち、英国の空母クイーン・エリザベスは艦載機として米国海兵隊の戦闘機を英国空軍の戦闘機と共に搭載し、同一の作戦にあたるのである。

英米混合編成

それではなぜ、英国と米国の海軍がそこまで一体化しなくてはならないのか。いくら英米が特別な関係とはいえ、協力という名のもとに、空母艦載機に外国の戦闘機を搭載する軍事的な必要性が本当にあるのだろうか。

確かに、クイーン・エリザベスにとって二〇二一年のアジア展開は最初の実戦任務である。そのため、英国の空母航空団司令官が言っていたように、英国は最新鋭のＦ35Ｂ戦闘機の運用に十分に慣れておらず、使いこなすのが難しいのかもしれない。だから、同型の戦闘機をすでに使いこなしている米国海兵隊に付き添ってもらい、いろいろと指導を受けるのが効率的なのかもしれない。しかし、それだけの理由なのだろうか。

実は、その背景に、予算上の問題やＦ35Ｂの開発の遅れから、クイーン・エリザベスの配備計画が遅れに遅れてきたという事情があることを指摘しなくてはならない。

英国は二〇〇七年、クイーン・エリザベスとプリンス・オブ・ウェールズの二隻の建造を発注し、艦載機として垂直離着陸が可能なＦ35Ｂを搭載することを決めた。その時点では空母の就役の予定は、クイーン・エリザベスが二〇一四年、プリンス・オブ・ウェールズが二〇一六年であった。

ところが、予算上の問題などから二〇〇八年には、二隻の空母の就役が一、二年遅れることになり、二〇一〇年には今度は艦載機のF35Bの開発が大幅に遅れている影響で、F35Cという通常の艦載用のタイプのものに変更することも検討された。しかし、その後、F35Cも開発の遅れが目立ち、結局、二〇一二年、改めてF35Bを艦載機とすることが決まった。

そして、クイーン・エリザベスは二〇一七年七月、進水し、一二月、正式に就役した。予定より三年も遅れていた。

ところが、就役直後の試験航海中に動力部分のスクリューシャフトから浸水する構造上の問題が見つかり、早くも修理のためにドック入りするはめになったのである。そして、ようやく、二〇一八年九月、F35B戦闘機の着艦テストに成功し、現在に至っている。

一方、F35B戦闘機のほうも前述のように開発に遅れが目立ったうえ、英国側の予算上の問題で調達も大幅に遅れている。

最終的には合計一三八機のF35Bを導入する予定だが、このうち空母に搭載するものは四八機である。

その内訳は、二隻の空母にそれぞれ一二機ずつ二個飛行隊、計二四機ずつ配備する予定だが、これも計画より大幅に遅れており、二〇二五年にならないと空母に搭載する四八機の調達は完了しそうもない。

クイーン・エリザベスがいよいよ実戦段階に入った二〇二〇年一二月の時点でも、まだ一八機しか調達が完了していない。

そのため、二〇二一年にアジアに実戦展開するときには、英国空軍は空母艦載機を一個飛行隊しか編成することができず、予定していた二個飛行隊、計二四機の編成は不可能になった。

英国防省によれば、二〇二三年までには四二機が調達できるので、そのうち、二四機をクイーン・エリザベスに割り当て、配備する予定だ。いずれにせよ、二〇二一年のアジアへの空母の初展開は空母の航空戦力が十分に整わないまま、作戦任務に就くことになってしまった。

逆に言えば、英国は、たとえ戦力を一〇〇パーセント発揮できなくても、インド太平洋への関与という政治的目的を達成するためにクイーン・エリザベスを派遣することを決断したのである。

そこで考え出された苦肉の策が、米軍との「相互交換」であった。もし空母を現在のまま展開させれば、空母攻撃部隊の防空能力や航空攻撃力が著しく低下してしまう。その不足分の戦力を補うために考案したのが米国海兵隊の協力であり、英国空軍と米国海兵隊のF35Bの部隊の混合編成であった。英国はそこまでしてEU離脱後のインド太平洋への関与を重視しているのである。

クイーン・エリザベスの戦力が十分に整わないまま、しかも初めての作戦活動でインド太平洋地域に進出することについて、クイーン・エリザベスの前司令官、ジェリー・キッド大佐はメディアのインタビューに対して次のように述べている。

「初期の運用能力は、実際には非常に控えめなものになるだろう。我々はヘリコプターを使ってそれを補おうともしているが、二〇二一年の最初の配備では米国海兵隊のF35Bが何機提供されるかによって、(運用能力が)大きく左右される。しかし、二〇二三年までには(計画通り)二四機の英国の戦闘機が搭載されることになる。ただ、その後のことはなんとも言えない」

二〇二一年、クイーン・エリザベスの空母攻撃部隊が日本近海を訪れる際、それは英国海軍と米国海兵隊との混成部隊と言っても過言ではない。その分、周辺国に複雑なメッセージを発信することになるかもしれない。

特に、日本の場合は、米軍との間には地位協定もあれば集団的自衛権など法的整備も行われているし、共同訓練の実施経験も豊富にあるので、自衛隊が共同して作戦にあたる際の障害は多くない。

しかし、英国との防衛協力はまだ歴史が浅いだけに、これから解決しなくてはならない問題も多く残されている。だから、相手がその英国海軍と米軍との混成部隊となった場合、どのような対応をとればよいのか注意深い検討が必要になるかもしれない。

友好国・同盟国の支援

一口に「空母がアジアにやって来る」とは言っても、その作戦の規模は相当に大きなものになる。空母には防空や攻撃の任務に就く艦載機のほか、対空、対水上、対潜水艦の任務を行う水上艦や潜水艦が随伴し、一つの攻撃部隊を編成しているからだ。クイーン・エリザベスの場合、米国の空母とほぼ同じ六隻から七隻の軍艦が随伴している。

また、乗艦するスタッフの数も空母だけで一六〇〇人もおり、攻撃部隊全体では三〇〇〇人程度の将校やパイロット、水兵が乗り組み、地球の裏側の欧州からアジアまでやって来ることになる。

この大規模な移動によって消費される燃料や弾薬、食料は膨大な量で、地球規模での補給体制が必要になる。加えて、長期間の任務に従事する部隊の士気を維持するため、乗組員の定期的な休養も必要になる。

さらに装備面では地球規模の指揮、通信ネットワークを構築する必要があるほか、長期間の航海によって船体や航空機の機体、さらに搭載している装備に故障などの技術的な問題が起きがちになる。

そのため、空母部隊の運用にあたっては、必ずこれらの問題に対処できる寄港地をあらかじめ確保し、それらの施設にあらかじめ要員を配置しておく必要がある。

しかし、世界各国に基地を持つ米国ならともかく、英国にとっては、インド太平洋方面で軍事拠点と呼べる施設はインド洋に浮かぶディエゴ・ガルシア島のみである。それより東の東南アジアや東アジアには英国の拠点と呼ばれるような場所はまだなく、また拠点を作るとしても空母部隊の寄港を受け入れられるほど規模の大きな港を備えた場所は非常に限られる。

このように、英国が空母の部隊を東アジアにまで進出させ、年間を通してアジアに常駐させるというなら、燃料、武器、弾薬、食料の補給や船や航空機の修理、軍事指揮通信網の拡充、さらには乗組員の休養や交代を常時支援してくれる国、いわゆるホスト・ネーション・サポートが必要になる。

つまり、クイーン・エリザベスのインド太平洋方面での活動は、艦載機のＦ35Ｂ戦闘機が予定より少なく、航空戦力が見劣りすることに加えて、どの国からどの程度のホスト・ネーション・サポートが受けられるのか、アジアへ向けた最初の航海に出かける前に、関係国と合意しておかなくてはならない。

英国会計検査院（National Audit Office）報告

英国会計検査院は二〇二〇年六月、*Carrier Strike–Preparing for deployment*（空母攻撃力―展開準備へ向けて）と題する報告書を発表した。

この報告書は、英国政府がクイーン・エリザベス空母攻撃部隊の配備へ向けて費やした予算の執行状況や今後必要な予算、装備の調達状況、現在の空母攻撃部隊の戦力の分析と将来の見通しなどを詳細に検討した。

そして、次の点を報告している。

・クイーン・エリザベスの空母攻撃部隊は二〇二〇年一二月、初期段階の作戦能力を完成させたが、最小限度の戦力を備えた体制しか実現できていない。戦力を一〇〇パーセント発揮できる体制になるのは二〇二三年、開発中の装備がすべて出そろい、攻撃部隊が完成するのは二〇二六年になる。

・艦載機に使用するF35B戦闘機は二〇二〇年の段階で一八機しか配備できておらず、はじめに計画した二個飛行隊が編成できていない。二〇六〇年代までに一三八機を調達する計画になっているのに国防省はまだ四八機を発注しただけで、それ以上の調達に動く様子がない。国防省は、空母による作戦を行うための十分な量の戦闘機の予算化をまだ行っていない。

・空母攻撃部隊に配備する予定の早期警戒レーダーシステム「クロウズネスト」の開発が大幅に遅れており、このシステムを搭載した早期警戒ヘリコプターが運用可能になるのは、はじめの計画より一八カ月も遅れた二〇二一年九月になる。これは、国防省が発注先の防衛産業の作業の進捗を十分に監督してこなかったためだ。

これによって、空母攻撃部隊は二〇二三年五月まで完璧な空中警戒機能を保有することができなくなった。

・空母の運用の要になる新たな補給艦三隻の調達が一八カ月から三六カ月も予定より遅れており、最初の艦が運航可能になるのは二〇二七年一〇月から二〇二九年四月の間になる。現在、英国が保有する補給艦三隻のうち空母への補給能力があるのは一隻だけである。その一隻も老朽化が進み、すでに耐用年数を超えており、二〇二八年には退役する予定である。その一隻の補給艦も二〇二二年、多くの時間を大規模なメンテナンス作業のために費やさなくてはならない。そのため、その期間は空母の活動に支障が出る可能性がある。

・レーダーシステムや空母への補給能力など、空母攻撃部隊がその能力を十分に発揮するために必要な、多くの装備の調達や刷新の作業が遅れている。

ところが国防省は将来、空母攻撃部隊を強化しながら運用していくためにどのくらいコストがかかるのかを正確に見積もっていない。そのため、空母攻撃部隊は配備できても将来、それを運用、維持するための財政的な余裕がなくなる危険性がある。

・国防省は将来、どのような空母の運用を考えているのかビジョンを明確にし、そのためのコストを考慮して、空母の攻撃能力を最大限引き出すための努力をしなくてはならない。

このように、報告書は予算不足や新型コロナウイルスなどの影響で計画に遅れが出ながらも、空母攻撃部隊がなんとか初期の運用能力（戦力）を完成させたことを明らかにした。

しかし、運用を開始できたとしても、早期警戒能力や艦載機の数、補給艦の支援能力など、空母攻撃部隊の活動を支える中心的な能力がまだ十分に備わっていないことに報告書は懸念を表明している。

しかし、それでも空母「クイーン・エリザベス」は二〇二一年、初任務に就く。航空戦力が不足し、防空体制に不備があり、支援能力に問題を抱えながらも、なんとか日本までやって来るのである。

日本の責任と役割

未完成ながらも活動を開始するクイーン・エリザベス、その活動を支援するのは日本の責任である。

前述したようにクイーン・エリザベスのアジア展開は、日本と英国が二〇一七年に合意した日英安全保障共同宣言に合意事項として盛り込まれているものであり、英国はその約束を守って東アジアまで空母を差し向けたのである。

客を遠くから招待しておいて、もてなさないということはあり得ない。日本はできる限りの支援をクイーン・エリザベスに与えるべきである。

中国への配慮から支援は慎重にすべきとの意見も政府や自民党の一部にはあるようだが、それならなぜ日本は英国に対して空母の展開を要望する共同宣言を英国とまとめたのかと問いたい。前の政権の合意事項だから知らないなどと言うのなら、国と国の約束を政権が代わったからと平気で反故にするどこかの国と同じである。

それでは、日本は英国の空母攻撃部隊に具体的にどのような支援を与えるべきだろうか。

これまで英国の空母配備をめぐる状況をつぶさに説明してきたが、それは英国の空母展開にはまだまだ乗り越えなくてはならない多くの課題があることを浮き彫りにすることによって、日本が支援する意味がそこにあることを明らかにしたかったからである。

日本の役割は簡単に言えば、英国の空母攻撃部隊の弱点を補い、彼らに欠けているものを提供することである。同盟というのは元来、そのような足りないものを補い合う関係が基本にある。クイーン・エリザベスに載せる艦載機が足りないから、米国海兵隊が「相互交換性」などと言って艦載機を英国に提供したのも米英同盟の姿を表している。それと同じ理屈である。

もちろん、法的な問題がある分野もあるだろう。その場合はただあきらめるのではなく、新たな法整備をするなり、法を柔軟に解釈して協力することが考慮されるべきだろう。なぜなら、そうすることが東アジアの安定と日本の安全保障に貢献し、日英同盟の再生を促し、日本の国益に直接結びつくからである。

日本が提供すべき支援として、次の二点を強調したい。

①ホスト・ネーション・サポート

英国は空母攻撃部隊の長期展開にあたって、インド太平洋の各地域に艦隊への補給や乗組員の休息の機会を提供できる寄港地をいくつか検討している。インド洋のディエゴ・ガルシア島より東には、英国の軍事拠点と呼べるものがないからである。具体的にはブルネイやシンガポール、オーストラリアのような英連邦に所属する国の港を使用する案がある。これらの国には小規模ながらも英国海軍の施設があり、それを将来的に拡充して基地として使用することができるかどうか検討している。しかし、当面の間は空母部隊を支援するホスト国が必要で、そうした補給能力を提供できる国の支援が英国の空母攻撃部隊には欠かせない。

また、そのような補給施設は空母部隊が活動する海域と遠すぎない位置になくてはならない。さらに、ホスト国に必要な物資を十分に供給できる能力があることや、支援を提供する現地スタッフの技術力や医療水準も一定のレベルに達していなくてはならない。

加えて、政治的に安定している民主国家であることや英国との関係がよいこと、もっと言えば気象条件も考慮に入れなくてはならない。艦艇が接岸できる場所ならどこでもよいというわけにはいかないのである。

そのような観点から考えると、地理的に最も適しているのはシンガポールやブルネイで、空母の中心的な活動海域になる南シナ海にも直接面している。しかし、物資の支援能力や提供できる技術、充実した港湾設備という点から考えると、オーストラリアのパースか、日本の軍港、横須賀、佐世保である。

このうち、オーストラリアは英国にとって英連邦に加盟する同盟国でホスト国としては申し分ないが、パースは南シナ海の南沙諸島と西沙諸島を結ぶ線の中心を起点に計算すると、直線距離で五〇〇〇キロも離れている。しかも、途中にインドネシアのカリマンタン島やジャワ島があるので、迂回したコースを取らなくてはならず、英国の空母の活動拠点としては地の利がよくない。

これに対して、日本はまさに新しい同盟国になろうとしている国だし、距離もオーストラリアよりははるかに近い。佐世保なら二七〇〇キロ、横須賀なら三五〇〇キロである。

したがって、英国側から見れば日本の港湾施設は空母への支援を受けることができる理想的な場所である。また、日本はすでに英国とＡＣＳＡを結んでいるから、自衛隊が英国の空母艦隊に補給支援を行うことに法的な問題はない。

英国の軍隊は朝鮮半島の国連軍地位協定によって、日本の在日米軍基地を使うことが法的に認められている。実際に、北朝鮮が核実験を行った際、英国空軍の観測機がこの協定に基づいて、沖縄の嘉手納基地に飛来することはよくあることだ。

地位協定の対象となる基地はキャンプ座間、横須賀海軍基地、佐世保海軍基地、横田空軍基地、嘉手納空軍基地、普天間海兵隊航空施設、ホワイトビーチ（沖縄）の七つの米軍施設である。

また、英国と米国もＡＣＳＡを結んでいるので、英国の空母は自衛隊だけではなく、米軍基地では米軍の支援を受けることもできる。まして、二〇二一年のクイーン・エリザベスの部隊が日本に来る際には、米国海兵隊の戦闘機を搭載しているので、その意味でも日本の米軍基地の支援を得ることに問題はない。

ただ、朝鮮半島の国連軍地域協定は韓国に駐留する国連軍の活動に関連して日本の米軍基地の使用を認めている協定なので、クイーン・エリザベスの艦隊が朝鮮半島を意識しているかどうかはかなりあいまいであり、問題がありそうだ。その意味からも、現在、日本と英国の間で協議が進められているＶＦＡを早く締結して、英国の軍隊の日本訪問を恒常化できるよう法的整備を急ぐことが必要があるだろう。

　このように、日本は英国の空母部隊をはじめとして今後、アジア方面に展開する英国軍のホスト・ネーション・サポートを積極的に行うべきである。

②Ｆ35戦闘機の整備提供
　実は英国が今、最も期待している支援はクイーン・エリザベスの空母艦載機、Ｆ35Ｂの整備を日本で行うことである。

　欧米諸国やオーストラリア、日本、シンガポール、韓国など西側諸国が保有を進めている最新鋭戦闘機Ｆ35は他の戦闘機がそうであるように、一定の飛行時間が経過すると大規模な整備、点検作業をうけなくてはならない。特にＦ35は秘匿性の高い軍事技術のかたまりでもあることから、保有国が勝手に分解したり、改修したりすることはできない。

　そのため、米国政府は米国本土と米国と関係が深く技術力のある三カ国に、Ｆ35の国際整備拠点を設けて、Ｆ35の分解や整備、改修、ソフトの入れ替えなどはすべてこの拠点で行うことになっている。

　その国際整備拠点があるのは米国のフォートワース、イタリアのカメリ、日本の名古屋、オーストラリアのウィリアムズタウンの４カ所である。

このうち、日本の国際整備拠点は愛知県豊山町の三菱重工業小牧南工場に置かれ、ここでは日本のＦ35だけでなく、アジア地域全域のＦ35の整備を担当することになっている。航空自衛隊やアジア地域に展開している米軍のすべてのＦ35の機体が対象で、近い将来、二〇〇機近いＦ35の機体の管理がここで行われることになる。アジア地域でＦ35を保有するシンガポールや韓国の戦闘機も整備を行うことが可能だ。

英国が期待しているのはまさにこの工場で艦載機の整備を受けることであり、オーストラリアの拠点に移動させて整備を受けるよりも空母との距離が近く、はるかに効率がよいと英国防省の関係者は期待している。法的な問題がない以上、日本での英国の戦闘機の整備は歓迎すべきだろう。

クイーン・エリザベスと同盟

クイーン・エリザベスのアジア展開は、単にインド太平洋地域の航行の自由を確保し、香港での人権抑圧に反対する英国の意思を示すことが目的ではない。世界が大きく変わりつつあること、英国がその先達として新たな世界に関与するグローバル・ブリテンに生まれ変わることをメッセージとして発信することが、本当の目的であるそのために、英国は米国海兵隊の部隊を艦載機として搭載させることによって、英国の空母は価値観を共有する同盟国、米国の意思と共にあり、世界のどこでも米国と連帯する用意があること、さらに、英国にはインド太平洋に共に行動する同盟国があることを形として示そうとしているのである。

その目的を達成するため、クイーン・エリザベスは最初のアジア展開で、インド太平洋地域の英連邦の加盟国、インド、オーストラリア、シンガポール、ニュージーランド、マレーシアなどと合同の演習をインド洋や太平洋西部で行うことを計画している。

ただ、それだけではない。英国が最も重視しているのは日本との連帯である。すでに日本の防衛省と英国の国防省の間では、海上自衛隊や航空自衛隊とクイーン・エリザベスの攻撃部隊が日本の近海で合同演習を行う計画が進んでいるという。

その際、日本の自衛隊はクイーン・エリザベスが率いる艦隊に不足しているとされている補給艦を派遣したり、また、早期警戒能力や防空能力を補強するために早期警戒機やイージス型護衛艦を派遣することも可能だろう。さらに、航空自衛隊が配備を始めたばかりのF35戦闘機が、クイーン・エリザベスの艦載機のF35と防空や対艦攻撃を想定した共同の演習を行うこともできる。

そして、それにクイーン・エリザベスの艦載機として同行している米国海兵隊の戦闘機や、在日アメリカ軍の航空機や第七艦隊の艦艇が参加すれば、初めての本格的な日英米合同演習となる。

そうなれば、この演習は単に日英や米英、日英米の軍事的な交流のためではなく、新しい時代にインド太平洋で花開く新たな安全保障の枠組みを形で示すという特別な性格を帯びていることが明確になるだろう。

すなわち、それは二一世紀に入って、日英同盟がついに形を変えて復活することを意味し、日英の同盟と日本と英国がすでに持つ米国との同盟が接続した日英米の事実上の三国同盟の誕生さえ予感させるメッセージとなる。

もし、そうしたメッセージを日英米が共に発信することができれば、そのことがインド太平洋の各国に与える政治的影響は少なくない。それは国によっては警戒心を覚えるかもしれないが、多くの国は新しい時代の到来と変化への期待を感じ取るだろう。

実際、それと似た感覚を共有している国があるからこそ、クアッドが評価され、日本のファイブ・アイズへの参加も議論されているのである。フランスやドイツがインド太平洋に関与する戦略的方針を決めたのも、EUがインド太平洋に関心を向けているのも、みな同軸線上にあると言ってよい。

近い将来、NATOも必ずインド太平洋への関与を検討するだろう。前にも述べた

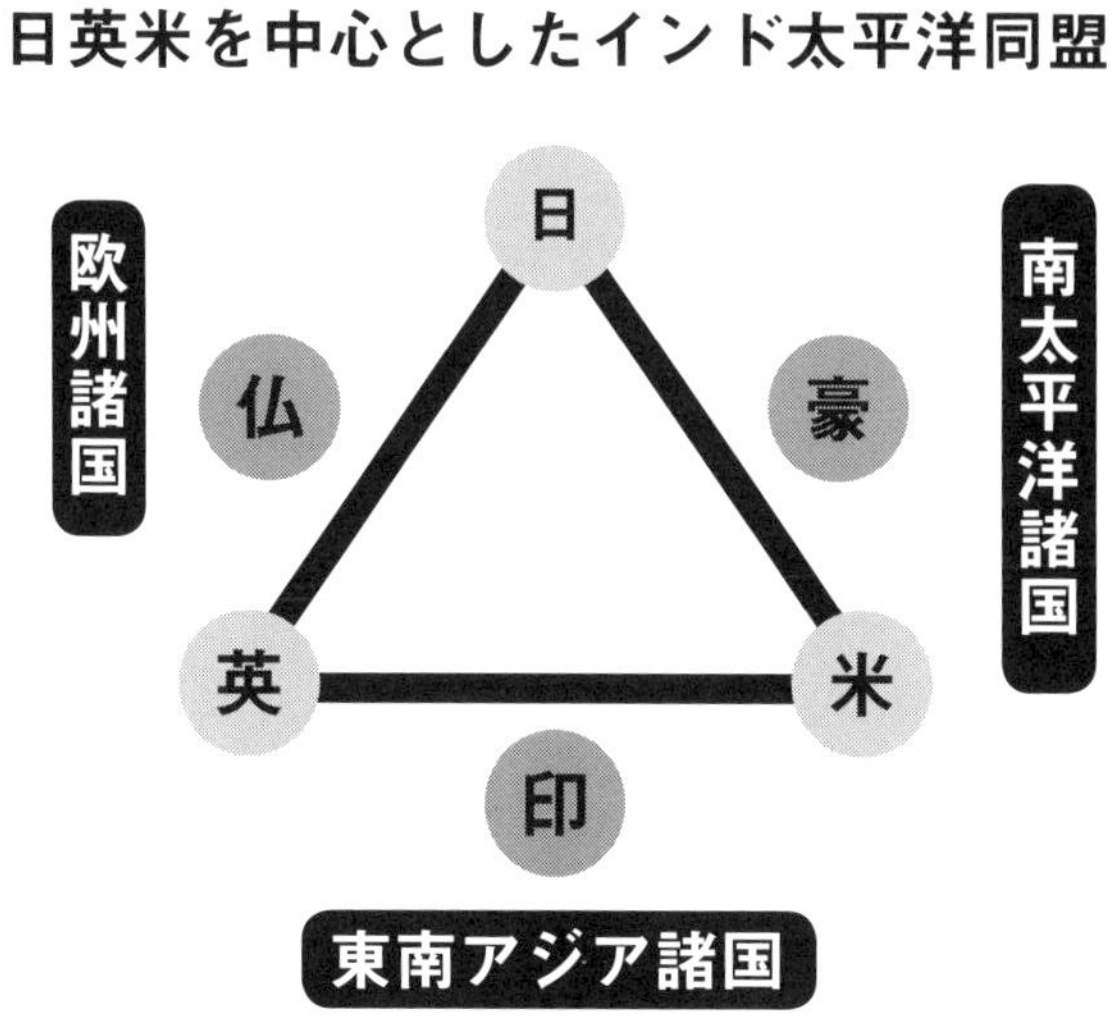

ようにインド太平洋は将来、政治的、経済的に世界の中心になるからである。

結局、将来は大西洋の同盟であるNATOも、太平洋の同盟である日米同盟も、インド太平洋に吸い寄せられるように同盟の方向を変えて、一つにつながり、混じり合い、新たな大きな同盟の枠組みを生み出すことになるかもしれない。すなわち、海洋国家の連合体、インド太平洋同盟である。

東西冷戦が終焉したあとも、冷戦時代の産物として日米同盟もNATOもなんとか生き残り、時代の変化に合わせて形を変えながらこれまで存続してきた。しかし、永遠に続く同盟などありはしない。あるのは時代によって変化する各国の国益を調整し、共に繁栄しようとする民主主義国家の集合意識だけである。

その集合意識が今、新しくなにかを作り出そうとしている。我々はそれを注視し、変化には敏感に対応しなくてはならない。

英国の新型空母「クイーン・エリザベス」はそのことを世界に伝えるため、二〇二一年、はるばるインド太平洋へ向けて出航する。

おわりに

ひとは長い間、一定の環境のもとに置かれて活動していると、やがてそのことに疑問を感じなくなり、むしろそれが当たり前と受け止めるようになるものだ。それは思考力の高いインテリ層に顕著である。時代の変化を敏感に感じ取り、それに合わせて自分の主義、主張や哲学を柔軟に変えていくことが最も苦手なのがインテリ層である。なぜなら、彼らは国家の指導的立場にあり、これまでの主義、主張を変更することは自分の存在意義を否定する危険をはらむからである。

英国のＥＵ離脱をめぐる論議では、ほとんどのインテリ層はＥＵ残留を主張した。確かに英国が失う利益は離脱のほうが残留よりもはるかに大きく、深刻だろう。残留なら、これまでの既得権益をそのまま温存できるからはるかにリスクは少ない。また、インテリ層のほとんどすべては英国がＥＵに加盟したあと、高等教育を受け成長してきた人たちだし、欧州の視点だけで国際情勢を語ることを当たり前のように続けてきた人たちだ。

インテリ層にとって、かつてのような世界国家としての英国は歴史書や映画の世界の話であり、夢想、幻想に近いものだ。自分が存在する世界の出来事として受け止めたことなどほとんどないはずだ。だから、ＥＵ離脱というのはインテリ層にとって夢に描くことはあってても現実に起きてはならないことであり、それを実行しようとするのは国家の自殺行為であり、英国の存在基盤を揺るがす無謀な振る舞いとなる。「そんなこと考えたくもない」と生理的嫌悪を催すのもそのためだろう。

しかし、インテリ層に真に求められるのは、現実に埋没した安住の理念ではない。むしろ冒険的な発想と創造力である。そうした知的エネルギーが世の中を改革し、国家を変革する。

私は英国が国民投票でＥＵ離脱を決めたとき、強いショックを覚えたが、「なんとばかげたことを」とまでの落胆はなかった。むしろ英国が新しい時代の新しい冒険の旅に出ようとしていることに、深い敬意を感じた。そんなことは英国にしかできないことだと思ったからである。

確かに英国は長くＥＵのメンバーでいて、豊かさを享受してきたわけだから、そのＥＵと離婚して、一匹狼の道を歩むというのはたやすいことではない。多くの困難を伴うだろう。ＥＵの創設は、合意による帝国の創成とまで言われた歴史的大実験である。その実験の中心にいた英国が突如、実験の場から去るのだから、ＥＵを困惑させただけではなく、英国内でも三年以上にわたって国を二分する議論が長々と続いた。

それはある意味、民主国家として当然のことだ。

しかし、本書の中でも述べたが、英国は長年にわたってEUという組織にコントロールされることに違和感を覚えていたことは事実である。おそらく、いつかの時点でEU離脱は検討される運命にあったのだと思う。その時期が予想外に早く、しかも突然やってきたのだから国が大混乱に陥ったのも仕方がない。

それでも、覆水盆に返らず、という言葉があるように、現実に英国はEUから離脱したのである。そうであるなら、英国は持てるすべての知性を結集して、グローバル・ブリテンの成功に尽力しなくてはならない。友好国も支えるべきだろう。それなのにいまだに、英国内では「離脱しなければよかった」とか、「いつか再加盟しよう」などと後ろ向きの意見が一部にあることは残念である。

英国は伝統を重んじつつも、変化には常に前向きな国家である。だからこそ、音楽の世界ではビートルズを生み出し、学問の分野ではクローン研究のような革新的な研究成果を挙げている。事実、科学力は世界の中でも米国と並んで傑出している。ノーベル賞の受賞者数の順位は常に米国と英国が一位と二位を独占しているのである。

信頼できる新型コロナウイルスのワクチンの開発と実用化に世界で初めて成功したのも、米国と英国である。欧州諸国は国家の安全が脅かされると、これまでいつも米国・英国頼みだったが、今回のパンデミックでもそのように見える。

ＥＵ離脱はその英国が試そうとしている壮大な実験であり、日本は新たな同盟国として全力で応援すべきである。その意味で、日本が二〇二〇年一〇月、ＥＵより早く、世界に先駆けて英国とＥＰＡを締結したのは、高く評価されるべきだろう。

英国はＥＵ離脱後、当分の間、様々な困難に直面するだろう。経済的にも疲弊するかもしれない。しかし、それは国家が新しい体制に生まれ変わるときの産みの苦しみであり、革命後の混乱のようなものであってほしいと思う。

時がたつうちに、英国はその痛手から立ち直り、以前にも増して元気で活発な野心に満ちた国家として、再び国際社会に君臨することを期待している。

そんな長く安住してきた体制から、混乱を伴う新しい世界に出でようとする英国を見ていると、日本も時代の変化に対応できる柔軟性を備えているのかどうか、疑問に思うことが多い。

本書の中でも述べたが、日本は第二次世界大戦で敗戦した後、八〇年近くにわたって米国の庇護を受けながら、発展を遂げてきた。米国と常に二人三脚で進むうちに、なにか日本に凶事があれば米国が助けてくれると勝手に思い込むようになっている。

しかし、日本が有事に直面した際、米国は日本の望む支援を必要十分に与えてくれるなどという確証はどこにもない。現実にＮＡＴＯが軍事行動に踏み切った際、米国は加盟国の要請を受け入れず、軍事的貢献を限定的に留めたことがしばしばある。

だから、日米首脳会談で日本の首相が判で押したように「尖閣諸島は日米安保条約の対象なのか」と同じ質問を繰り返すのは実にむなしい。自分の国の領土は自分で守りぬくのは至極当たり前のことだ。最初から外国の助けをあてにしているような姿勢を日本の首脳が見せることは、日本に領土を守れる十分な防衛力がないという誤ったメッセージを発信する危険すらあるように思う。米国との確固たる結束をアピールしたいのだろうが、それでは逆に弱さを露呈するようなものにはならないだろうか。


また、日本のインテリ層は国際情勢を分析する際、米国的な視野のみで世界を見るくせがついているように思える。例えば米国が時折、安全保障に関連した戦略文書を公表すると、専門家たちはその文書を金科玉条のように読み込んで分析し、解説する。安全保障の専門家を標榜してはいても、その実、米国戦略の専門家である人が少なくない。一〇〇年前の日本はそうではなかったはずだ。

もちろん米国は日本にとって重要な戦略的パートナーだし、米国の去就は日本の安全に大きな影響を与えるから、国際情勢の専門家は米国の動向に無関心でいてよいはずがない。

しかし、例えば中東、アフリカ問題を考えるとき、米国の見方と英国に代表される欧州の見方の間には常に差がある。かつてその地域で植民地支配を行っていた欧州とそのような経験のない米国では、評価が分かれて当然である。対中国政策についても同様だ。中国との地理的な距離は日本と米国では一〇倍以上の差があるし、欧州は中国とは経済関係以上のつながりが少ない。中国に対する脅威認識が日本と米国、欧州ではそれぞれ異なっていて当たり前である。

日本のインテリ層はそのような米国と欧州、日本の視点の違いに常に気を配り、日本独自の発想を交えたバランスのとれた研究、外交、戦略を希求すべきだろう。

また、私たちは米国に目を向けすぎていることに意外と気づいていない。

例えば、日本から外国に留学する大学生は米国の大学を選択することが非常に多い。しかし、米国の大学生は優秀な学生ほど英国に留学する。ケンブリッジやオックスフォード、ロンドンなど世界に冠たる歴史のある大学が英国には多いからだ。ところが、なぜか日本から英国に留学する大学生の数は限られている。

日本のシンクタンクの活動もそうだ。米国から専門家を招いて講演などを依頼することは日常茶飯事だが、英国から専門家を招聘するのは欧州をテーマにした問題に限られる。ところが、米国内のシンクタンクは欧州問題に限らず常に英国から多くの専門家を招聘している。私の友人で軍事史を研究している英国の歴史学者などは一年の三分の一を米国での講演に費やしているぐらいだ。

つまり、日本は知的資産の活用にあたって米国に傾斜しすぎており、膨大な知的資産を抱えた英国の存在にあまり目を配っていないように思える。それでは専門家がバランスの取れた分析眼を養うことができるのかどうか、疑問である。

日英同盟の再生、言い換えれば新日英同盟の創成は、こうした日本の米国一辺倒の思考に影響を与えることになるだろう。米国と欧州を常に視野に入れたバランスの取れた外交、戦略を実現して、日本は第二次世界大戦後初めて、戦略的に自立できるのである。

日本にとっての新日英同盟の最大の意義は、この一点にあると言える。

最後になったが、本書の執筆にあたって、遅々として進まない私の作業を最後まで見守ってくれたＣＣＣメディアハウスの編集者、山本泰代さんには深くお礼申し上げたい。山本さんは、私が主張する日英同盟の重要性について深い理解を示してくれた。

また、私が勤務する英国王立防衛安全保障研究所（ＲＵＳＩ）ロンドン本部の同僚たちは、いつも私に必要な情報を提供してくれた。

さらに、私の上司でもある英国秘密情報局（ＳＩＳ）の元長官、ジョン・スカーレット卿、英国・エクセター大学のジェレミー・ブラック歴史学教授、前のＲＵＳＩロンドン本部の所長で、現在はロンドン大学の客員教授、マイケル・クラーク博士、英国議会貴族院議員で英国の元首相国家安全保障担当補佐官を務めたロード・リケッツ卿、日本の元国連大使、佐藤行雄氏、元防衛事務次官、西正典氏、元海上自衛官でジブチ駐在の日本大使に就任した大塚海夫海将、安倍晋三前首相のスピーチライターで慶応義塾大学教授の谷口智彦氏、以上の方々は新たな時代の日英同盟についていつも示唆に富んだアドバイスを私に提供してくださった。

これらの私の大切な先輩、友人、同僚たちにこの場を借りて改めて深い感謝の意を表したい。

なお、本書での記述はすべて筆者の見解であり、筆者が所属する組織を代表するものではないことを最後に申し添えておく。

二〇二一年一月　信州・安曇野にて

秋元千明

参考文献・資料

・英国政府関連：https://www.gov.uk
・英国議会関連：https://www.parliament.uk
・外務省関連：https://www.mofa.go.jp/mofaj/
・防衛省関連：https://www.mod.go.jp
・首相演説関連：https://www.kantei.go.jp/
・米国国務省関連：https://www.state.gov
・『第二次世界大戦の起源』A・J・P・テイラー／吉田輝夫訳／講談社学術文庫／二〇一一年
・『サッチャー回顧録』上下巻／マーガレット・サッチャー／石塚雅彦訳／日本経済新聞出版／一九九三年
・『ゲームプラン――核戦略時代の米ソ対決理論』ズビグネフ・ブレジンスキー／鈴木康雄訳／サイマル出版会／一九八八年
・『マハン海上権力史論〔新装版〕』アルフレッド T・マハン／北村謙一訳／原書房／二〇〇八年
・『戦略の地政学――ランドパワーVSシーパワー』秋元千明／ウェッジ／二〇一七年
・「日英同盟『復活』で多層的な安全保障協力を」秋元千明／「Wedge」二〇一八年二月号／ウェッジ
・「『NATO瓦解』と共振する東アジアの安全保障」秋元千明／「Wedge」二〇二〇年二月号／ウェッジ
・「ヨーロッパ統合の立役者たち」田中文憲／「奈良大学紀要」第三四号
・「英国保守党に落とすヨーロッパの影」友岡敏明／「南山大学ヨーロッパ研究センター報」第九号
・「国際政治構造と同盟の変容――脅威の時代からリスクの時代へ」金子讓ほか／「防衛研究所紀要」第七巻第一号／二〇〇四年一一月

・『アメリカにとって同盟とはなにか』久保文明編／公益財団法人日本国際問題研究所監修／中央公論新社／二〇一三年
・「防衛装備移転三原則」内閣官房／平成二六年四月一日
・「『武器輸出三原則等』の見直しと新たな『防衛装備移転三原則』」沓脱和人／「立法と調査」二〇一五年二月／参議院事務局企画調整室編
・「防衛生産・技術基盤戦略」防衛省／平成二六年六月
・「次期戦闘機の調達について」防衛省／令和二年一一月一四日
・『防衛装備庁と装備政策の解説』田村重信、外園博一、吉田正一、吉田孝弘／内外出版／二〇一六年
・『誰も語らなかった防衛産業［増補版］』桜林美佐／並木書房／二〇一二年
・「防衛装備移転三原則について――経済産業省による説明会」「CISTECジャーナル」二〇一四年九月号／一般社団法人安全保障貿易情報センター
・RUSI特別シンポジウム「日英安全保障協力とインド太平洋」議事録／二〇一九年一一月二一日（東京）
・「グローバル安全保障のためのパートナー　日英防衛・安全保障関係の新たな方向」RUSI・防衛省防衛研究所国際共同研究シリーズ一二
・「イギリスの防衛外交・防衛関与――概念の変遷と『英軍ブランド』」鶴岡路人／「民間防衛外交研究事業　国別事例調査報告書　シリーズ1」二〇一八年九月／公益財団法人笹川平和財団
・「英国の対日意識と日英同盟の終焉――第一次世界大戦と米国要因」門田正文／「海幹校戦略研究」二〇一五年六月／海上自衛隊幹部学校
・『日英同盟の研究』黒羽茂／東北教育図書／一九六八年
・『日露戦争が変えた世界史――「サムライ」日本の一世紀』平間洋一／芙蓉書房出版／二〇〇四年
・『「日英同盟」協約交渉とイギリス外交政策』藤井信行／春風社／二〇〇六年
・『日英同盟――日本外交の栄光と凋落』関榮次／学研プラス／二〇〇三年
・『イギリス帝国の歴史――アジアから考える』秋田茂／中公新書／二〇一二年

・『図説 イングランド海軍の歴史［新装版］』小林幸雄／原書房／二〇一六年
・『パックス・ブリタニカ――大英帝国最盛期の群像』上下巻／ジャン・モリス／椋田直子訳／講談社／二〇〇六年
・『日英交流史一六〇〇－二〇〇〇』全五巻／細谷千博ほか編／イアン・ニッシュほか監修／東京大学出版会／二〇〇〇〜二〇〇一年
・『ブレグジット秘録――英国がEU離脱という「悪魔」を解き放つまで』クレイグ・オリヴァー／江口泰子訳／光文社／二〇一七年
・『ブレグジット・パラドクス――欧州統合のゆくえ』庄司克宏／岩波書店／二〇一九年
・『英連邦――王冠への忠誠と自由な連合』小川浩之／中公叢書／二〇一二年
・「特集：新日英同盟の課題」「政策提言：新日英同盟の時代」秋元千明ほか／「世界平和研究」二一九号（二〇一八年秋季号）／一般社団法人平和政策研究所

・The Diplomat: https://thediplomat.com
・Asia Times: https://asiatimes.com
・Global Asia: https://www.globalasia.org
・ASIA&THE PACIFIC POLICY SOCIETY: https://www.policyforum.net
・CSIS Asia Program: https://www.csis.org/programs/asia-program
・The BRITISH INTEREST: https://britishinterest.org
・The Financial Times
・Global Britain Programme, Henry Jackson Society: https://henryjacksonsociety.org/global-britain-programme
・Policy Exchange: https://policyexchange.org.uk
・CHATHAM HOUSE: https://www.chathamhouse.org
・RUSI: https://www.rusi.org
・The Telegraph: https://www.telegraph.co.uk

- New Sphere: https://newsphere.jp
- Washington Examiner: https://www.washingtonexaminer.com
- Newsweek magazine
- NHK NEWS WEB: https://www3.nhk.or.jp/news/
- EAST-WEST CENTER: https://www.eastwestcenter.org
- National Security Strategy and Strategic Defence and Security Review 2015, UK
- National Security Capability Review 2017,UK
- Understanding Hybrid Warfare, January 2017, MCDC
- France, the United Kingdom, and the Free and Open Indo-Pacific, December 20, 2018: Issues for Congress, Congressional Reaserch Service
- Speech to the College of Europe(The Bruges Speech), Margaret Thatcher FOUNDATION: https://www.margaretthatcher.org
- THE GUARDIAN
- From the Thatcherisation of Europe to Brexit, Nicholas Sowels XXIV-4,2019,French Journal of British Studies:https://journals.openedition.org
- Alliance Politics, Glenn H Snyder, Cornell University Press, 1997
- Alliances in a Unipolar World, World Politics, Stephen M. Walt, vol.61, 2009
- The Origins of ALLIANCES, Stephen M. Walt, Cornel University Press,1987
- The End of World Order and American Foreign Policy, Robert D. Blackwill and Thomas Wright,
- COUNCIL on FOREIGN RELATIONS, May 2020
- FRANCE and SECURITY in the INDO-PACIFIC, MINISTÈRE DES ARMÉES, May 2019: https://www.defense.gouv.fr/
- Policy guidelines for the Indo-Pacific region, The Federal Government of Germany, September 2020

- Germany's New Approach to the Indo-Pacific, October 16, 2020, INTERNATIONAL POLITIK Quarterly
- A Stronger Germany in the Indo-Pacific? Yixiang Xu, September 17, 2020,
- American Institute for Contemporary German Studies, JOHNS HOPKINS UNIVERSITY: https://www.aicgs.org
- Europe's Pushback on China, POLICY PAPER, June 2020, INSTITUT MONTAIGNE
- Carrier-Strike-Preparing for deployment, National Audit Office, UK, 26 June 2020
- UK Defence Journal: https://ukdefencejournal.org.uk
- THIS WEEK IN ASIA, South China Morning Post: https://www.scmp.com/week-asia
- USNI News: https://news.usni.org
- FOREIGN POLICY RESEARCH INSTITUTE: https://www.fpri.org
- The Article: https://www.thearticle.com
- INTELLIGENCE AND THE NATIONAL SECURITY STRATEGIST, Roger Z. George, Robert D. Kline, Rowman & Littlefield Publishers,2006
- GCHQ, Richard J. Aldrich, Harper Press, 2010
- National Intelligence Systems, Gregory F. Treverton, Wilhelm Agrell, Cambridge University Press, 2009
- The Art and Science of Intelligence Analysis, Julian Richard, Oxford University Press, 2010
- INTELLIGENCE POWER IN PEACE AND WAR, Michael Herman, Cambridge University Press. 1996
- Secrets of Signals Intelligence during the Cold War and Beyond, Matthew M. Aid, Cees Wiebes, Frank Cass, 2001
- The Anglo-Japanese Alliance, 1902-1922, Phillips Payson O' Brien, Routledge,2004
- JAPAN AND BRITAIN AT WAR AND PEACE, Hugo Dobson and Kosuge Nobuko, Routledge, 2009
- ALLIANCE IN DECLINE A STUDY IN ANGLO-JAPANESE RELATIONS 1908-23, Ian N. Nish, THE ATHLONE PRESS,1972
- The Second World War ,Gathering Storm, Winston S. Churchill, Houghton Mifflin Company,1948, Mariner Books

・The Origins of the Second World War, A. J. P. Taylor, Hamish Hamilton, 1961
・Destined for War: can America and China escape Thucydides' Trap?, Graham Allison, Houghton Mifflin Harcourt, 2017
・THE UNQUIET FRONTIER, Jakub J.Grygiel and A.Wess Mitchell, Princeton University Press, 2016
・THE END OF ALLIANCES, Rajan Menon, Oxford University Press, 2007

復活！　日英同盟
インド太平洋時代の幕開け

2021年3月22日　初版発行

著者　　秋元千明
発行者　小林圭太
発行所　株式会社 ＣＣＣメディアハウス
〒141-8205 東京都品川区上大崎3丁目1番1号
電話　販売 03-5436-5721　編集 03-5436-5735
http://books.cccmh.co.jp

ブックデザイン　清水真理子（TYPEFACE）
校正　　株式会社 文字工房燦光

印刷・製本　豊国印刷 株式会社

ISBN 978-4-484-21207-4